この一冊で「聖書」がわかる！

白取春彦

三笠書房

もくじ

第2章 『旧約聖書』に書かれたユダヤの歴史

第3章 イエズス・キリスト
——ユダヤ教とキリスト教の分岐点

第4章 『新約聖書』の世界
――キリスト教はなぜ迫害され、なぜ発展したのか？

第5章 『聖書』から生まれたユダヤ教・キリスト教・イスラム教

第6章 『旧約聖書』のダイジェスト
――何が書かれているのか？

預言書 287

第7章 『新約聖書』のダイジェスト
――何が書かれているのか？

本文デザイン・DTP　玉造能之（デジカル）

序章　一番わかりやすい「聖書の世界」

世界は『聖書』を中心に動いている!?

世界にはさまざまな宗教書があるものの、聖書ほど世界の文学、美術、建築、音楽に、圧倒的に強い影響を及ぼしているものはない。

わたしたち日本人は聖書とは何の関係もないと思っているが、身近な日常生活の中に、その影響をいくらでも見つけることができる。一週間に一度の日曜日には仕事を休む習慣だって、聖書の冒頭にある「創世記《そうせいき》」に起源がある。

現在の日本の元号は「平成」である。最近の時代をふりかえったりするときに、元号はなんとなく時代の雰囲気を表現しているようで便利なものだ。昭和の時代はこうだった、とか、明治の男は頑固だった、とか固定したイメージをつくるのには適している。

しかし、わたしたちはこの元号がいかに不便なものであるかということも知っている。たとえば、昭和四十九年生まれの人が今年は何歳になるのかすぐには計算しにくいし、大正十二年の関東大震災が今から何年前のことだったのかもすぐには計算できないのだ。もっと前の歴史にいたっては、さらに難しくなる。

だから、わたしたちは歴史の事柄に関しては、西暦紀元も使っている。西暦紀元はまるで本の頁数のように順番に年を数えているからだ。しかも、世界共通である。

そんなことはあたりまえだと思われるかもしれないが、あたりまえだと思われているこの西暦紀元は、いったいどこから来たものなのか。実は、聖書の中に書かれているイエズス（イエス）・キリストという男が生まれた年を、紀元元年としたものが、西暦紀元なのだ。

それをよく表わしているのが、紀元前を意味する「B．C．」と紀元後を意味する「A．D．」という略記号である。B．C．は英語によるBefore Christ（ビフォア　クライスト）の略で、「キリスト以前」を意味し、A．D．のほうは英語ではなく、ラテン語でつづったAnno Domini（アノ　ドミニ）の略で、「わが主《しゅ》の年」という意味がある。

もっとも、イエズスは実際には西暦元年の四年くらい前に生まれていたらしい。そして、死んだのは紀元三〇年初めであったと推測されている。だから、西暦一九九六年頃がイエズス生誕二千年目だったわけである。

この西暦紀元を使用するようになったのはイエズスの死後すぐにではなく、西暦五二五年からである。これは、キリスト教の重要な祝祭日の一つ、復活祭（イエズス・キリストが復活したことを祝う。「イースター」とも呼ばれる）がいつかということを決定する必要があったためという事情がある。

西暦紀元はイエズス・キリストの誕生年を基点としたものだが、わたしたちはイエズス・キリストの誕生日まで毎年祝っている。誰もが知っているように十二月二十五日のクリスマス（降誕祭）のことだ。しかし、以前から諸説があったイエズスの誕生年月日が確定されたというわけではない。西暦三二五年の初夏にニカイア（現在のトルコのイズニク）で開かれたカトリックの最初の公会議（教義などを決定する最高議決機関）で決められた日付である。

なお、イスラム教世界でも便宜的に西暦は使われるが、コーランの教えに忠実であろうとするイスラム教徒たちの間では独特のヒジュラ暦（英語では「A．H．」と略記する）が使われる。

これは、最後の預言者として崇敬されているムハンマドが、メッカからメディナに移住しようとしてメディナに到着した年を紀元元年と設定するものだ。よって、西暦六二二年九月二十二日が元年の一月一日となっている。

このヒジュラ暦は完全な太陰暦《たいいんれき》であり、月が地球を一周する時間が「二十九日と半日」とされる。これで計算すると一年は三百五十四日となるから、毎年の月と季節はその分だけずれていくことになるわけだ。ムハンマドが死んだのは西暦六三二年であるが、これをヒジュラ暦に換算すると紀元一一年になる。この紀元一一年は西暦六三二年の三月二十九日の日没に始まり、西暦六三三年の三月十七日の日没に終わっている。

東南アジアの仏教国でも西暦は使われるが、その他に仏滅紀元が使われている。ミャンマーとスリランカではブッダ（ゴータマ・シッダールタ）が死んだ年の西暦紀元前五四四年（学術的に確定されているわけではない）を仏滅紀元元年としている。

タイ、カンボジア、ラオスではその翌年の紀元前五四三年を元年とする。英語での略記は「B．E．」である。日の数え方は西暦と同じであるから、イスラム教のヒジュラ暦のように月日が毎年変わるということはない。

フランス国旗・アメリカ大統領の就任式……なぜここに『聖書』が？

世界の国々の国旗も、聖書やキリストに起源を置いているものがたくさんある。

たとえば、ギリシャ、イギリス、スイス、ノルウェー、スウェーデン、フィンランド、デンマーク、はたまたトンガの国旗には、はっきりと十字架が図案化されている。

この十字架とは、イエズス・キリストがはりつけになって死んだ十字架である。

残酷な刑罰の形を国旗にするなんて、と思ってしまうが、聖書を読めばよくわかるように、この十字架はイエズス・キリストがすべての人間の罪を背負ってくれたという愛のしるしなのだ。愛のしるしとなった十字架を誇るのがキリスト教であるから、この十字架を配した国旗をもつ国家は、キリスト教国家であることを明確に宣言しているわけだ。


ところで、フランスの国旗にも聖書の内容が隠されていることを知る人はあまり多

十字架の入っている国旗一例

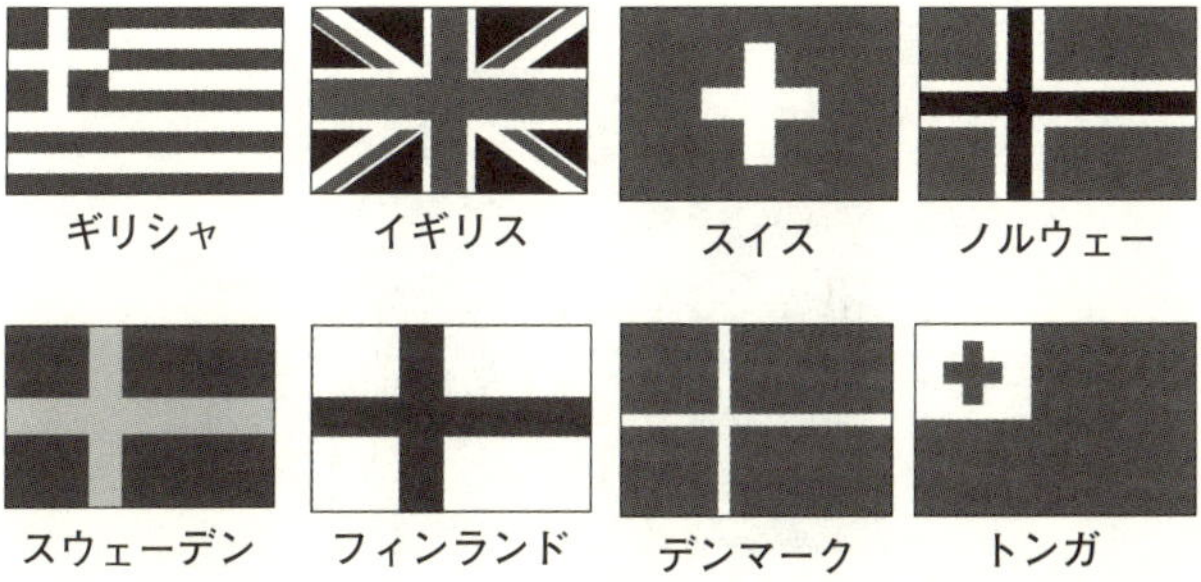

くない。フランスの国旗には十字架など描かれてはいない。では、どこに聖書の内容があるのだろうか。それは色の象徴にある。

フランスの国旗は右から赤・白・青というタテ縞の色彩配列になっているが、この三色はそれぞれ博愛・平等・自由を象徴しているのである。

問題はこの「博愛」で、日本人はたんに「多くの人を愛すること」とか「広い愛」というふうにしか考えていないようだが、この博愛こそ、聖書が全巻をもって訴えているものなのである。

博愛は、常識はずれと思われるほど極端な愛だといっていいだろう。つまり、「自分や自分の家族を殺しかねない敵をも愛しなさい、その敵を生かすために、いざとなったら自分は死んであげなさい」とまで要求するのが博愛なのだ。

フランスの国旗

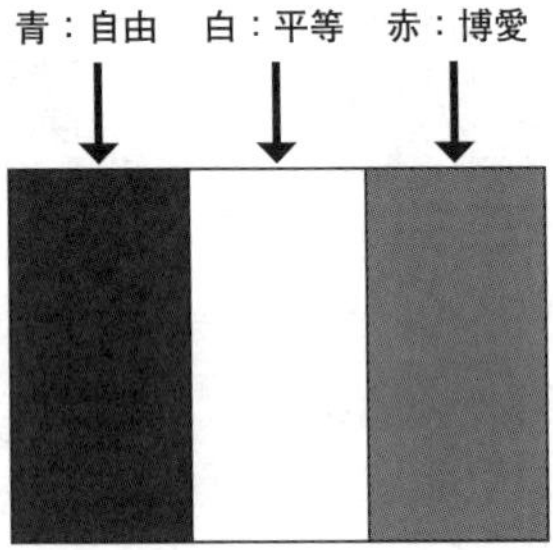

日本では裁判の際に事実を述べることを誓うけれども、いったいどういう権威に向かって誓っているのだろうか。日本での誓いは形式にすぎないのではないだろうか。

あなたはアメリカ合衆国の大統領の就任式をテレビなどで見たことはないだろうか。右手を挙げて最高裁長官の面前で宣誓をしている。そのときに、左手がどこに置かれているか、気がついていただろうか。左手は聖書の上に置かれているのだ。それは自分がホンネで今の言葉を述べていることをはっきりと示す行為なのである。

ジョン、マイケル、ダニエル……人名の由来も『聖書』にあり

ビートルズのジョン・レノン、ジャーナリストで映画監督のマイケル・ムーア、ハリー・ポッター役で有名になったダニエル・ラドクリフ、『純粋理性批判』を書いた哲学者のイマニュエル・カント……別にキリスト教圏の外国人の名前ならば誰でもいいのだけれど、これらの名前にも聖書が関連している。

これらの名前のうち、ジョンは聖書の中でイエズス・キリストの弟子だったヨハネの英語読みだし、マイケルは聖書の中に出てくる天使ミカエルの英語読みである。ダニエルは旧約聖書に出てくる預言者ダニエルからとられている。イマニュエルは「神、われと共にいます」という意味のラテン語であり、イエズス・キリストの別の呼び名でもある。

日本で売られている命名辞典は縁起のいい名前、画数で占った名前などを載せてあ

るが、向こうの命名辞典はまるでちがう。そこには、聖書にゆかりのある人物の名前ばかりが掲載されているのである。そこに掲載されている名前以外の名前を使うことはできない。日本のように勝手に名前をつくることはできないのだ（もっとも最近になって、アメリカのように命名の法律が緩和されている国もある）。

そして、ポールだったら、それは「使徒パウロという人物のようになるように」と、ピーターだったら、それは「使徒ペトロという人物に似るように」という思いを込めて命名されたことを意味しているのである。

ミッキーマウスのミッキーにしても、天使ミカエルの名からきている。つまり、ディズニーランドにさえ聖書が顔をのぞかせているということだ。ちなみに、ミカエルがイタリア語の名前になると、あの有名な彫刻家の名前ミケランジェロになる。

名前だけではない、カトリック圏や南北アメリカの地名にも聖書の影響がある。犯罪映画にしょっちゅう出てくるロスアンジェルスは聖書の「天使」を意味する地名である。サン、セイント、サンタなどが頭につく地名はすべて、聖書にもとづいているのだ。たとえば、サンパウロ、セントルイス、サンタクララなどがそうで、挙げればきりがないほど多い。

わたしたちの日常生活にも、こんな影響が……

こんなことをつらつらと述べていると、「そんなこと、キリスト教世界なのだからまったくあたりまえじゃないか」という反論が出てきそうだ。日本では聖書の影響はごく薄いと思われている。はたしてそうだろうか。

しかし、わたしたちが日常会話で使うことのあることわざ「豚に真珠」などは聖書からのものだ。「平和」という観念も聖書からのものである。一夫一婦制すら聖書に起源を置いている。五月第二日曜日の「母の日」も聖書が起源だ。婚約という概念もそうである。

日本の多くの文学も、聖書の影響を濃く受けている。島崎藤村、正宗《まさむね》白鳥《はくちょう》、志賀直哉、夏目漱石、武者小路《むしゃのこうじ》実篤《さねあつ》、芥川龍之介、椎名《しいな》麟三《りんぞう》など、文学者らの作品はみな聖書の影響を受けているのである。

むろん、世界の名作『レ・ミゼラブル』『二都物語』『カラマーゾフの兄弟』『ジャン・

クリストフ』など多数は聖書なしには書かれなかったものである。

子供が読む童話にも聖書が現われている。イソップ童話は紀元前の古代ギリシアのものであるが、有名な『ピノキオ』は、聖書の中にある唯一の物語を下敷きにしたものなのだ。悪い性格であったピノキオが、いろいろな体験をしていくうちに良い子になってついには人間に変わるという筋にも、聖書全体の影響が見られるが、もっとはっきりしている部分は、ピノキオが大きな魚に飲み込まれるというプロットである。これはまさに、聖書の中の「ヨナ書」（３０２頁）なのである。

ちなみに、「ヨナ書」というのはどんなに宗教嫌いの人でも笑って読める、たいへん楽しい物語なので、一度は読んでみてほしい。短いから十五分もかからないはずである。

ところで、聖書は知らず知らずのうちにわたしたちに影響を及ぼしているものの、誤解されたままのところがあることも指摘しておきたい。その中でのもっとも大きな誤解は、「天国」の概念であろう。

日本人は、仏教に極楽と地獄があるように、キリスト教にも天国と地獄があると思

アメリカの「われわれは神を信じる」というモットーは、お金にも印字されている

い込んでしまっている。しかし、これは誤りである。聖書に述べられている天国は、まったく別の意味である。どういう意味なのか、それはこれから本書を読んでよく理解してもらいたい。

また、よく知られている言葉なのに、意外と誤解されているのが「隣人愛」である。隣人愛の隣人というのが、文字通りに「隣に住む人」と解釈されて使われていることがあまりにも多い。隣人とは、もちろん隣の人をも指すが、とにかく自分以外のすべての人が隣人にあたるのだ。

「世の中の善悪の基準」もここから生まれた！

このように、わたしたちは聖書というものの存在を知ってはいるものの、それがどれだけ自分の周囲に大きな関わりをもっているのか、そしていかにわたしたちは聖書の内容を勝手な思い込みで誤解しているのかさえ、知らないのである。

ただし、そういったもろもろの知識より、もっと重要なことがある。本筋は、人間を動かしてきた大きなものの正体を知ることなのだ。それが、現代までの世界の歴史を底のほうから動かしてきているのだ。これは別に、ユダヤの陰謀《いんぼう》がどうのこうのということではまったくない。確かに聖書はユダヤ教から生まれてきたものである。だが、ユダヤ教を支えるために聖書があるわけではないし、ユダヤ教徒がどう思おうとも、聖書は最初から全人類に与えられたものなのである。

いや、もう少し身近なことに問題を移そう。

どうして人を殺してはいけないのか、善とはいったい何なのか、なぜに行為によって良心が痛んだりするのか、そもそも人間は何のために生きていくのか――いつかそういったことを真剣に考えなければならなくなるときがくる。そのときに、いかに学問や知識が役立たないものか、愕然《がくぜん》とするだろう。

たとえば、実際の生活と行動を左右する善悪の基準をたどれば、必ず聖書にいきつくのである。

善悪などは、哲学も古代ギリシアの頃から考えてきたテーマではあるけれど、結果的にいえば、哲学はついに絶対的な基準を発見できずに終わっているのである。そして現代哲学にいたっては、善悪は相対的なものであり、ケースバイケースで決まるものだとする傾向がある。

紀元前五世紀よりも前からギリシアに始まった哲学が、イエズス・キリストの出現と新約聖書の成立によって、いったんほとんど絶えてしまったのは、聖書の伝える神が、絶対的な基準というものを、この世にイエズスの人格として表わしてみせたからだ。

イェルサレムはなぜ三つの宗教の聖地になった？

人生の問題ばかりではなく、国際問題であっても聖書はこたえることができるといったら、妙なことだと思われるだろうか。

「聖書など今から二千年前にできた本にすぎない。そんな本が現代の国際問題に対する答えをもっているはずがない。現代の国際問題については現代の解説書を読むのがいちばんだ」

それはもっともな意見である。そうであっても、残念ながら現代の解説書は、何も根本的には教えてくれないのだ。

なぜ、パレスチナというあの狭い場所を、いろいろな国の人間が争い奪おうとしているのか。確かにそこには経済的側面もあるだろうけれど、政治的な理由のほうがずっと大きい。その政治的な理由の根底にあるのは歴史なのである。しかも、紀元前数百

分割された現在のパレスチナ

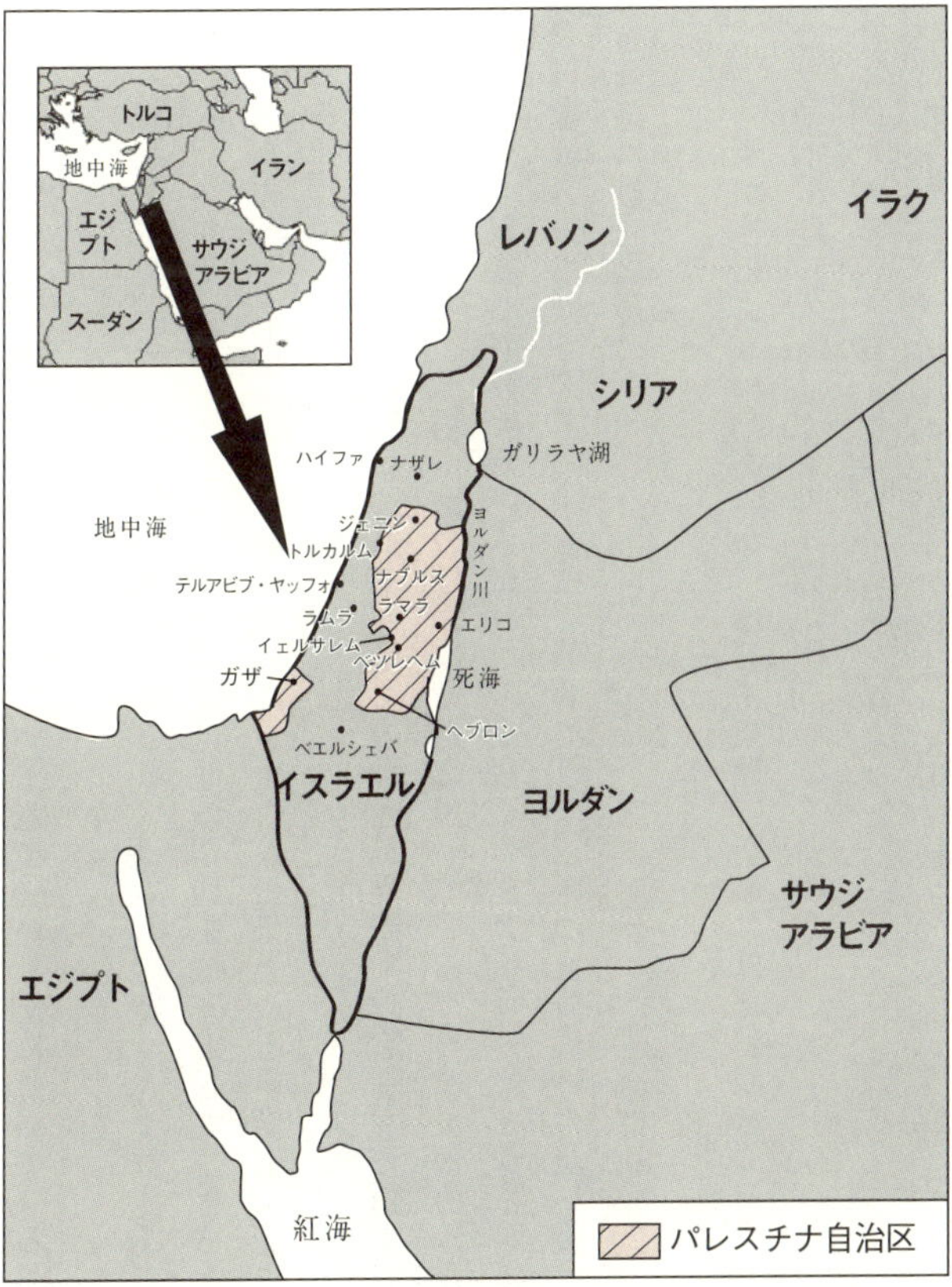

年前からの宗教的歴史が、現代的な問題となっていまだに装い新たに動いているのである。

中近東のパレスチナで、キリスト教国家の人間とイスラム教徒とユダヤ教徒がぶつかりあっている。なぜか。この三つが三つとも、聖書他の聖典を根底として生きる人々であり、彼らの祖先がやったこと、彼らが戦ってきたことのほとんどが聖書に記されているのである。

そのことをちっとも知らないから、日本人はこの世界が経済や政治制度で動いていると勝手に思い込んでいる。聖書や宗教はお飾りだと思っている。日本ではそうだが、世界の多数にとって聖書や宗教はホンネなのである。ここをアベコベにとりちがえているから、日本はいつまでも国際問題をよく理解できず、いつも後追いの及び腰の対応しかできないわけである。

なぜイスラエルがあのように動くのか、なぜ中東諸国があれほど自我を通そうとするのか、なぜ政治問題にカトリックの司教が出向いてくるのか。

これらの疑問に、経済や政治制度はまったく答えることができないということを、知らなければならない。どの国の人間がどのように動くのか、それを決定するのは、

イスラエル王国建国以降のパレスチナ

B.C.	11世紀頃	イェルサレムを中心とするイスラエル王国が起こる	パレスチナ人とユダヤ人の共存の時代
	930年頃	イスラエル王国、イスラエル王国(北)とユダ王国(南)に分裂	
	721年頃	イスラエル王国がアッシリアに滅ぼされる	
	586年	ユダ王国が新バビロニアに滅ぼされ、その後ペルシアによって征服される	
	428年頃	**ユダヤ教の誕生**	
	1世紀頃	ローマ帝国の支配下に入る	
A.D.	1世紀頃	**キリスト教の誕生**	アラブ人の時代
	614年	ペルシアの支配下に入る	
	636年	イスラム帝国の支配下に入る	
	11世紀後半〜	十字軍遠征が行なわれるが、失敗	
	16世紀	オスマン帝国の支配下に入る	
	第一次世界大戦後	イギリスによる委任統治領化 ナチスドイツから逃れるために、ユダヤ人がパレスチナに入植	ユダヤ教徒・イスラム教徒・キリスト教徒が対立する時代
	第二次世界大戦後	国連による管理の下、パレスチナ分割案が示される	
	1948年〜	イスラエル国、独立宣言を発表 第一次〜第四次中東戦争	
	2004年	パレスチナ自治区の最高指導者アラファト議長死去 急進派「ハマス」とイスラエル国の対立が激化	
	2012年	パレスチナ自治区、国連から「準国家」として認定される	

彼らの背景にある古代からの歴史と倫理観なのである。それを如実に表わしているのが、彼らの行動基準となっている神観念だということに気づかねばならない。

そこまでをかんがみ、本書では聖書の内容ばかりではなく、歴史的事実との対応と現代への影響を生むことになった芽についても書いておいた。

つまり、本書はこれまでに適当な機会がなかったために、ユダヤ教、イスラム教、キリスト教がどんなものであるかよくわからない人々に向けたものであり、専門家に向けたものではないということだ。

また、キリスト教などの宗教への入門書ではないし、ましてキリスト教会や信仰を説明するものではないということは、強調しておかなければならない。

本書を通読すれば、読者は聖書の全体についての最低限くらいの教養を身につけることになるだろう。本書を読んだあとで外国文学を読んでも、外国の映画を観ても、あるいは哲学などの思想書にあたっても、かつてなかった深い理解を得られるようになるだろう。

聖書を知ることは、この世界を二千年以上にわたって動かしてきた重要で力強い視点を知ることでもあるからだ。

だから、いろいろな立場の人に読んでほしい。そして願わくば、本書を読んだあとでもいいから、実際に本物の聖書（にせの聖書は少なくない。個人的にはバルバロ訳の聖書、次にはフランシスコ会が注釈をほどこしている聖書を勧める）を手にしてじっくりと読んでもらいたいのである。目からウロコが落ちる体験をすることだろう。ちなみに、この「目からウロコが落ちる」という表現も、聖書から出たものである。

聖書を知れば、世界がわかる。いや、その前に人間がわかるのである。

第1章

『旧約聖書』『新約聖書』とは何か?

キリスト教・ユダヤ教・イスラム教の根は同じ!?

日本語の「聖書」という言葉は訳語である。英語ではＢＩＢＬＥ（バイブル）といい、ドイツ語ではＢＩＢＥＬ（ビーベル）という。

どちらの言葉もギリシア語の「ビブリア」が語源となっている。その意味するところは「本」である。「聖なる」という形容詞はついていない。一冊の本ならば、ギリシア語では「ビブリオン」という単数形になる。「ビブリア」はその複数形であり、これが紀元前から聖書を指す言葉となっている。

「ビブリア」という複数形の表現を用いていることからはっきりわかるように、聖書は多くの本が集まったものである。どのような本が集まったものなのかはあとで説明するが、聖書の目次を開いてみると「創世記　出《しゅつ》エジプト記　レビ記……」とあるように、その一つ一つが本なのである。それぞれが別の時期に書かれた独立した本であ

キリスト教・ユダヤ教・イスラム教の「聖書」は同じ!?

	キリスト教	ユダヤ教	イスラム教
(旧約)聖書〈39巻〉	○	○	○
新約聖書〈27巻※〉	○	×	×

※カトリック教会が認めている聖書はもう少し巻数が多い

りながら、内容的にはつながっているという特徴がある。

書店の宗教のコーナーに並んでいる『聖書』というタイトルの厚い書物が、一般的に流布している聖書と呼ばれる本である。わざわざ「一般的に流布している聖書」と書いたのは、「キリスト教でいうところの聖書」という意味でつまり、先に述べた独立した本のどれを聖書とするのかが、ユダヤ教とイスラム教とキリスト教では異なるのだ。

また、キリスト教の中でも、カトリックとプロテスタントでは聖書に含む本が多少ちがっているという事情がある。

しかし、大きく考えた場合、キリスト教の聖書とは「旧約聖書」と「新約聖書」のことである。

ユダヤ教とイスラム教では、新約聖書を聖書とはみなさず、いわゆる「旧約聖書」のみを聖書として認めている。これがおおまかな異同である。

キリスト教だけではなく、ユダヤ教やイスラム教までが同じ旧約聖書を聖書としていることに、驚いた方も少なくはないだろう。名称がちがうから異なる宗教だとするのは単純な思い込みである。キリスト教、ユダヤ教、イスラム教は同じ根をもっているのだ。

わたしたちの多くは、イスラエル人、ヘブライ人、ユダヤ人を別々の人種だと思っているが、これらは同一の民族で、みな過去は遊牧民であったイスラエル人である。ことに第二次世界大戦時のヒットラーがひきいるナチスのせいで、ユダヤ人という特殊な人種が存在するのだと思い込まされているが、彼らはみなイスラエル人である。

ユダヤ人という人種は存在せず、ユダヤ教を信じる人々がユダヤ人と呼ばれているだけなのだ。

「旧約」と「新約」が意味するものは？

しかし、今ここでの問題は、何が聖書であり、何をきっかけにして聖書の異同が生じているのかということである。その理由は、「旧約」「新約」という言葉に隠されている。

旧約とは「古い契約」という意味であり、新約とは「新しい契約」という意味である。誰と誰との契約か。神と人間との契約である。

だから、ごくおおざっぱにいってしまえば、旧約聖書は神と人間との古い契約を書き記したものであり、新約聖書は神と人間との新しい契約を書き記したもの（正しくは、この考え方はキリスト教であり、ユダヤ教とイスラム教はそのように考えない）だという意味が含まれているわけだ。

契約を書き記したものといっても、現代の契約書のようなものとはまったくちがう。「歴史の書」であったり、「詩歌」であったり、「物語」であったり、「書簡」であったりする。そこにはあらゆる文学的表現が駆使されている。

神がどのようなことを人間に言い、人間が何と応答しているのかが、さまざまな形式と表現で書かれているのである。

そういう契約に古いものと新しいものがあるとするのは、キリスト教側からの見方である。ユダヤ教徒は、神の契約に新旧があるどころか、昔から一つであると考えているのである。

この相違は、イエズス・キリストという歴史上の人物をどう見るかということにかかっている。

つまり、キリストを神自身のもう一つの姿とするのか、それとも神の言葉をあずかって人々に伝える預言者の一人にすぎないとするのか、あるいはユダヤ教世界に多くいる知識豊かな律法教師（ラビ）の一人と見るのか。

ナザレのイエズスをいったいどのように判断するか――この一点において、新約聖書を聖書と認めるかどうかが決まる。

それを簡単にまとめると次のようになる。

イエズス・キリストについての解釈

ユダヤ教	ナザレのイエズスという男は、せいぜいがユダヤ教の教師《ラビ》の一人にすぎない。神でもないし、神の子でもないし、神から送られた救世主でもない。 よって、われわれは聖書（旧約）に描かれている神からの救世主の到来を待つ。
イスラム教	イエズスは人間であり、神の警告を人々に伝える役目をもった預言者である。 しかし、それでも改悛《かいしゅん》しない人間のために、神は最後の預言者ムハンマドを送ったのだ。
キリスト教	イエズス・キリストは神の子であり、かつ神のもう一つの現われである。 旧約聖書が述べていた神こそ救世主イエズス・キリスト自身であり、彼は新しい契約を人間と交わしたのである。

こういうわけで新約聖書をも聖書とするのは、ローマンカトリック、プロテスタントの諸教会、英国国教会（聖公会）などのキリスト教だけということになる。

ちなみに、モルモン教もまた『モルモン経《けい》』という聖書をもっているが、それは十九世紀にジョセフ・スミスという人物が作成したものであり、本来の聖書とは何の関係もない。

キリスト教とユダヤ教――『聖書』のとらえ方はどう違う？

さて、旧約聖書は、ユダヤ教、キリスト教、イスラム教に共通していると書いたが、実際にはそれぞれに配列が異なっている。

たとえば、ユダヤ教の聖書では、律法（トーラー）・預言書（ネビーイーム）・聖文書（ケスービーム）という配列になっているが、キリスト教の旧約聖書では、律法・歴史・詩歌・預言書という順番で編纂《へんさん》されている。

この配列には意味がある。ユダヤ教では、一般にトーラーと呼ばれている〝モーゼ五書〟こそもっとも重要であると考えるため、律法を最初に置き、次に残りの各書を置いているのである。〝モーゼ五書〟とは「創世記」「出エジプト記」「レビ記」「民数《みんすう》記《き》」「申命記《しんめいき》」の五巻のことである。

後発であるキリスト教の配列のほうは、時間軸を重視し、神の救いの歴史にそって編纂されている。だから、旧約聖書の「創世記」から始めて新約聖書の「黙示録《もくしろく》」までを読めば、宇宙の誕生から神の完全支配にいたる救いの道のりを知ることができるようになっている。

日本の一般の書店で簡単に手に入るのは、このキリスト教の聖書のほうである。書店の本棚を見てみると、聖書にはいくつもの種類があるように見える。それは装丁がちがうだけではなく、口語訳、文語訳、プロテスタントとカトリックの新共同訳、ルター訳の聖書、プロテスタントの聖書、カトリックの聖書、などがあるからだ。

これらの聖書にはそれぞれ特徴があるものの、一般の人には簡単に見分けられない。しかし、一般の書店にある聖書のほとんどは、プロテスタントの教会で用いられている聖書である。カトリックで用いる聖書が置かれている場合は比較的少ない。カトリック信者たちは専門書店で聖書を買うことが多いからである。

版元として「日本基督《キリスト》教団」とか「日本聖書協会」と記載されてあれば、だいたいがプロテスタント系の聖書であり、「中央出版社」あるいは「サンパウロ」あるいは「ドン・ボスコ社」とあれば、それはカトリック系の聖書である。

さて、次章以降では旧約聖書と新約聖書の成立の背景となる歴史的な事柄を、聖書その他の文献を参考にしながら述べてみたい。それと同時に、聖書全体を貫いているおおまかなストーリーもわかるだろう。つまり、旧約聖書の「創世記」の途中から「出エジプト記」、それから新約聖書の「福音書《ふくいんしょ》」の内容をざっと理解したことになる。

実際に聖書を手にしてはじめて読むときも、「創世記」「出エジプト記」「福音書」の順で読むと、ユダヤ教とキリスト教を支えている歴史と信仰の背骨を知ることができるのである。

コラム

聖書から出たことわざ

よく知られている「知は力なり」ということわざは、旧約聖書の「箴言《しんげん》」の要点から生まれてきた言葉である。もちろん、この知は断片的な知識のことではない。真理を見抜く洞察に満ちた知恵のことである。「禁断の果実は甘い」ということわざは、旧約聖書の「創世記」中、エバ（イヴ）が蛇にそそのかされて善悪を知る木の実に手を伸ばす場面（164頁）から来ている。

「女は、なるほどその木の実が食べてもおいしく、見ても美しく、知識を得るために食べる値打ちがあると思うようになり、その実を採って食べた」

この禁断の木の実はリンゴだとされているが、これはシャレから生まれた俗説である。というのは、善悪の「悪」をラテン語でmalus（マールス）といい、リンゴのことも同じくマールスというところから、禁断の木の実はリンゴであると言葉を引っかけたわけなのだ。

よくまちがわれるのは、「働かざる者食うべからず」ということわざが聖書から来ているというものである。たぶん、これは「テサロニケ人への手紙」の次の文章から派生してきたものだと思われる。

「わたしたちがあなたがたのところにいたとき、働きたくない者は食べてはならないとはっきり言っておいたはずです。それなのに、あなたがたの中にはけじめのない生活を送り、仕事はせず、よけいなおせっかいばかりしている者がいると聞いています」

ここまで読めばはっきりとわかるように、「働かざる者食うべからず」といってはいない。だらだらした生活をしながら他人に干渉ばかりしている人の態度をいましめているのだ。働く能力も義務もあるのに怠けている人々への忠告なのである。

第2章　『旧約聖書』に書かれたユダヤの歴史

紀元前二十世紀、イスラエルの地で何が起こっていたか？

ユダヤとは「神を讃美する」という意味である

いわゆる旧約聖書の成立は紀元九〇年、ユダヤ教の聖典となったのが一一八年。それを編纂しなおして、新約聖書を加えてキリスト教の正式な聖典としたのが三九七年、というように書いていくのは簡単である。

しかし、このように記事的に歴史的な年号を書いたところで、その意味がわからなければ何にもならないだろう。つまり、なぜその頃に聖書というものが成立したかということである。ありていにいえば、誰か才能に恵まれた者が書いたのか、あるいは神が書いて人間に与えたのか、ということである。

そのためには、紀元前の歴史にさかのぼって説明をしなければならない。

青森市の三内丸山遺跡《さんないまるやまいせき》などの発掘によって、紀元前の縄文時代の人々は、現代人のわれわれが想像するよりもはるかに豊かな暮らしをしていたことがうかがえるわけだが、紀元前の中近東の人々もまた、格別にひどい暮らしをしていたわけではない。

たとえば、紀元前一六〇〇年のエジプトでは、あのピラミッドを建造する技術をもっていたのだ。その頃にはすでに女性の髪の毛をちりちりにするパーマネントがあった。現代のソバージュである。

しかし、聖書が生まれるイスラエルでは、紀元前七世紀までは物や動物との交換で商取引がされていたようである。貨幣はあるにはあったが、神殿への寄付用であった。


イスラエルの歴史は、紀元前二十〜十八世紀あたりから始まる。当時のイスラエル人たちは遊牧民族であった。遊牧民族とは、羊の群れを飼いながら流浪する民族のことである。その頃の彼らはまだイスラエル人とは呼ばれず、「ヘブライ人（あるいはヘブル人）」と呼ばれていた。ヘブライとは「過ぎゆく人」とか「歩く人」という意味の言葉である。これも、彼らが遊牧民族であったことを示している。

このヘブライ人たちがイスラエル人と呼ばれるようになったのは、「カナン」という地に定着するようになってからで、紀元前一二三五〜一二一〇年頃だとされている。イスラエルとは「神は強し」という意味である。呼び名がこのように変わったことに

「ユダヤ人」の名前の変遷

紀元前2000年	「ヘブライ人」
↓	
紀元前1235年 ～紀元前1210年	「イスラエル人」
↓	
紀元前 586年	「ユダヤ人」

ついては、旧約聖書に記載がある。

呼び名についてさらに続ければ、紀元前九三〇年頃にイスラエル人たちの王国が南北に分裂し、そのとき南の王国が「ユダ」という名称になった。ここから「ユダヤ人」という名前が生まれているのだ。

ユダヤとは「讃美」という意味である。むろん、「神を讃美する」という意味である。だから、ヘブライ人＝イスラエル人＝ユダヤ人ということになる。しかし、現代の「ユダヤ人」は、イスラエル人という人種だけではなく、ユダヤ教を信じる人をも意味するようになっている。

この三つの名称は、彼らが置かれた状況とも関係がある。

つまり、遊牧民族であった頃は「ヘブライ人」であり、一神を崇拝して一カ所に定住するようになってからは「イスラエル人」であり、世界各地に離散するようになってからは「ユダヤ人」と呼ばれているのである。

あらゆる民族の宗教は〝アニミズム信仰〟から始まった

さて、遊牧民であった頃のヘブライ人たちは、最初から一神を信じるはっきりした宗教をもっていたわけではない。世界の他の民族と同じく、アニミズム信仰だったのである。アニミズムとは、「物活論《ぶつかつろん》」あるいは「精霊崇拝」と訳され、要するに自然や物質に霊魂の所在を認めようとする原始的な信仰である。

日本の神道もまた、アニミズム信仰に他ならない。実際に、山、川、海、太陽などの自然現象を「カミ」と呼んでいる。富士山に登って元旦の初日の出（御来光《ごらいこう》）を拝むのも、神道的アニミズムである。大きな岩にしめ縄を張ったり、小島に鳥居を建てたりするのも同じである。そういう場所に神聖な力が働いていると信じるのである。

紀元前一八〇〇年頃のヘブライ人もそうであった。絶えず移動して歩く彼らにとっては、泉、井戸、木、岩、山などが信仰の対象だった。つまり、自然の中に見られるものが神とされ、多くの神が信仰されていたわけである。

これは他の民族も同様である。この頃すでに定着農耕民族であり、文字をもち、数学にもすぐれていたためピラミッドを建造したエジプト人たちも、多神信仰であった。紀元前七世紀頃から哲学を考える人々を多く輩出したギリシアにあっても同じだ。ギリシアでは多くの神は擬人化されており、これが有名な『ギリシア神話』となっている。

参考までに『ギリシア神話』の一部を引用してみよう。

「ポセイドンは水の神々の司《つかさ》でありました。彼の威力の象徴は三叉《みつまた》の戟《ほこ》でありました。彼はその戟をもって岩を裂いたり、颶風《ぐふう》を呼びだしたり、静めたり、海岸をゆすったり、そんなことをしているのであります。……」（野上弥生子訳）

昔のギリシア人たちは、こういう神話を事実だと信じ、波が岩を砕いたり台風が起きたりすると、ポセイドンという神が剣をもって暴れているのだと思い込んでいたのである。

現代の科学的な教育を受けたわれわれから見れば、このような思い込みは幼稚に見えるが、彼らにとってはまさにリアルなものだったのだ。その生々しい感覚から、あの美しい彫像たちが生まれてきたのである。

ヘブライ人の多神信仰も真剣なものだった。自然の中の多くの神々を意識して、毎日、遊牧生活をしていたのだ。神のことなど考えずに生活している現代の多くの日本人とは、まったくちがう意識をもっていたことがわかる。

なぜ〝信仰心〟が必要となったのか？

自然を敬う信仰心理は、当地の気候とも関係があるだろう。

ヘブライ人がいた土地では、三月の中旬から九月の中旬までは猛烈な暑気である。そういう自然の中での暮らしにあっては、水を供給する泉、陰をつくる樹木が神とされるのも無理はないと想像される。

十月の中旬頃になると、ようやく雨が降ってくる。そして雨期が始まるのだが、雨の量がはんぱではない。二カ月以上にわたって降り続くこともめずらしくない。雨は大地に吸い込まれるどころか、急流となって地面にあふれ、こちらも苛《か》酷《こく》な自然なのである。

さらには飢饉《ききん》に襲われる。次のオアシスを見つけることができなければ、確実に死が訪れる。彼らの放浪生活はつらいのが常であった。

こういう環境にあって、すべてが不条理だと考えていては、毎日が不当な苦難の連続となる。だから、喜びにも苦しみにも、あらゆることに意味を見出さなければならない。意味が生きがいとなる。


しかし、苛酷な自然環境の中で生きる意味を見出すために、ヘブライ人たちが自分たちに都合のいい神をつくりあげたというわけではない。

神という存在をつくるまでもなく、彼らは神の中にあって生きていたのである。こんな言い方は抽象的かもしれない。しかし、抽象的だと思うのは、現代人であるわれわれがあまりにも人工的な環境で安全に暮らしているからではないだろうか。

変転きわまりない自然に生活が左右されるような環境で暮らさざるをえないとき、人はまさに神の圧倒的な気配を感じるようになるのである。これは、宇宙船アポロの乗組員たちが、宇宙のど真ん中にいたときに神の存在をありありと感じたことにも似ているだろう。

「多神教」の世界に生まれた"唯一神"

「創世記」のアブラハムは、なぜカナンへ旅立ったのか?

「創世記」の第12章は、次のように始まっている。

「主はアブラハムにおおせられた、
『自分の国、自分の親族、自分の父の家をはなれて、私がしめす地にいきなさい。
私はあなたを、大いなる民とし、あなたを祝福し、
その名を高くしよう。その名は、祝福のことばとなるだろう。
私は、あなたを祝福するものを祝福し、
あなたをのろうものを、のろうだろう。
あなたによって、地上のすべての民は、祝福のあいさつをかわすだろう!』」。

アブラハムは、主の言われたとおりに出発し、ロトもいっしょに出発した。つまり、アブラハムは、その妻サライと、弟の息子ロトと、彼らがハランで得たすべてのものと、そこで従えたすべての人を連れて、カナンの地にむけて旅に出て、その地に着いた」

「主」とは唯一神のことである。「あるじ」ではなく「しゅ」と読む。ヘブライ語では「アドナイ」である。

アブラハムは人名であるが、「多くの人の父」という意味をもっている。その意味のとおりに、彼はヘブライ人、イスラエル人、アラブ人の祖先である。

ところで、このアブラハムの家系はもともとは多神教であった。それがどのようにして唯一神を知り、神自身から語りかけられるようになったかは聖書には書かれていないし、不明である。ただ、カルデヤのウル（バビロニアの古都市）に生まれたアブラハムの、約束の地カナンへのこの出発のみが唐突に描かれているのだ。

重要なのは、この紀元前二〇〇〇年の頃から現代にいたるまで、アブラハムがあらゆる信仰の父祖とされていることである。ユダヤ教でもイスラム教でもキリスト教においてさえも、アブラハムは堅い信仰の父祖として崇敬されている。

なぜ彼が信仰の父祖なのかというと、常に神の意志に従って、少しの疑いももたずに行動する人物だからである。新約聖書の「ヘブライ人への手紙」にはこの点を重視して次のように書かれている。

「信仰によって、アブラハムは、召されたとき、遺産として受けるであろう地に行けという命令に従い、その行く方角も知らずに出掛けた」

紀元前二〇〇〇年、今から四千年前のことである。現代のような詳細な地図があるわけではない。神に命じられたというだけで、一族と羊と牛を連れて、あてどのない長くつらい旅に出ていくのである。

山形孝夫『聖書の起源』は、アブラハムのカナンへの旅を最初とするヘブライ人たちの旅は、土地取得のための旅であったとしている。

「アブラハムの旅の開始がそうであったように、彼らの生涯かけての遍歴《へんれき》は、終始一貫、土地取得の願望につらぬかれていた。土地を求めて、彼らはさまよい続けた。土地を求めることと、神を求めることとは、彼らの中で、まったく一つになっている。彼らの願望が、いかに切実で激しいものか、計り知ることができない」

しかし、遊牧民族が土地を取得して定住化していくという大きな変化は、後世の歴史的な視点に立った考察である。当時のアブラハムの一行にしてみれば、ただ神にうながされて旅立ったとしか理由を見出すことはできないだろう。

七十五歳のアブラハムを族長とする一行は、地図で見るようにいったん西北に向かい、それから南西にくだっている。ウルからカナンへと一直線にたどらなかったのは、真っ直ぐ行けばアラビア砂漠であり、死が待っているからである。ユーフラテス川に沿った街道のある、三日月形に含まれる部分だけが肥沃《ひよく》な地帯だったのだ。北側は、これもまた死の危険に満ちた山岳地帯である。

聖書では「カナンの地にむけて旅に出て、その地についた」と、まことにあっさりした記述しかしていないが、艱難辛苦《かんなんしんく》の旅であったと想像される。というのも、オアシスからオアシスへとたどりながら牧草地を探す日々であり、どこへいってもよそ者

三日月形肥沃地帯に沿ってアブラハムは移動した

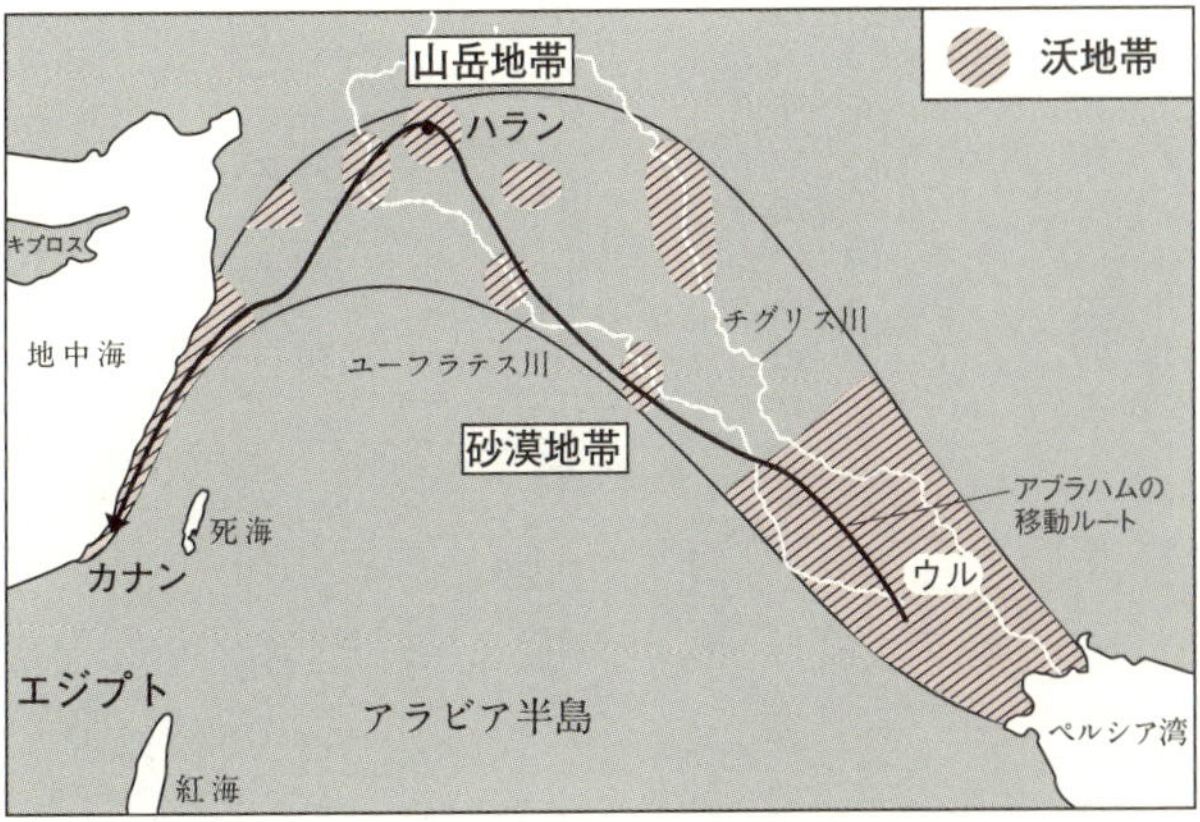

でしかないからだ。まさにヘブライ人は、定住者の目の前を「過ぎゆく人」なのである。

紀元前二〇〇〇年のことだから土地などいくらでもあるし、勝手に自分のものにできただろうとわれわれ現代人はつい安易に思ってしまうが、実際はそうではなかった。人間が居住できる沃地帯の土地のどこもかしこも、所有権がはっきりと決まっていたのである。だから、神が示していた地にたどりつくまでは、心が休まるときがなかったのだ。

しかし、ようやくカナンについても、そこには先住民がおり、アブラハムらはやはり寄留者《きりゆうしや》にすぎなかった。だから、妻のサライが死んだときには、墓地にする土地を先住民たちから買わなければならなかった。

アブラハムが百七十五歳で死んだあと、子供と子孫たちは半農半遊牧の民として、カナンのあちこちに住んだり、移動したりする。その子孫たちは族長として信仰深く、アブラハムと同じように常に神の意志を聞き入れて行動している。

パピルスに書かれた元祖『聖書』

こういったことはみな、旧約聖書に書かれている。

では、誰が書いたのか。最初から文字で記録されていたのではない。信仰の歴史として、祖先らの尊い生き方として、口から口へと言い伝えられ、おそらく紀元前十世紀頃からヘブライ語でパピルスに書かれたとされている。

パピルスとは英語のペーパー、ドイツ語のパピィアーの語源となっているものだ。これはエジプトのナイル川下流に多く繁茂している多年草のカミガヤツリで、高さは二メートル以上もある。この皮を薄くそぎ、四十センチメートルほどの長さに切ったものを横に並べ、その上にまた縦に並べ、表面を木づちなどでたたいて接着させてなめらかにすると、一種の紙として文字を書くことができるようになる。端はのりづけして巻き物にすることもある。

ヘブライ語で書かれたパピルスの例

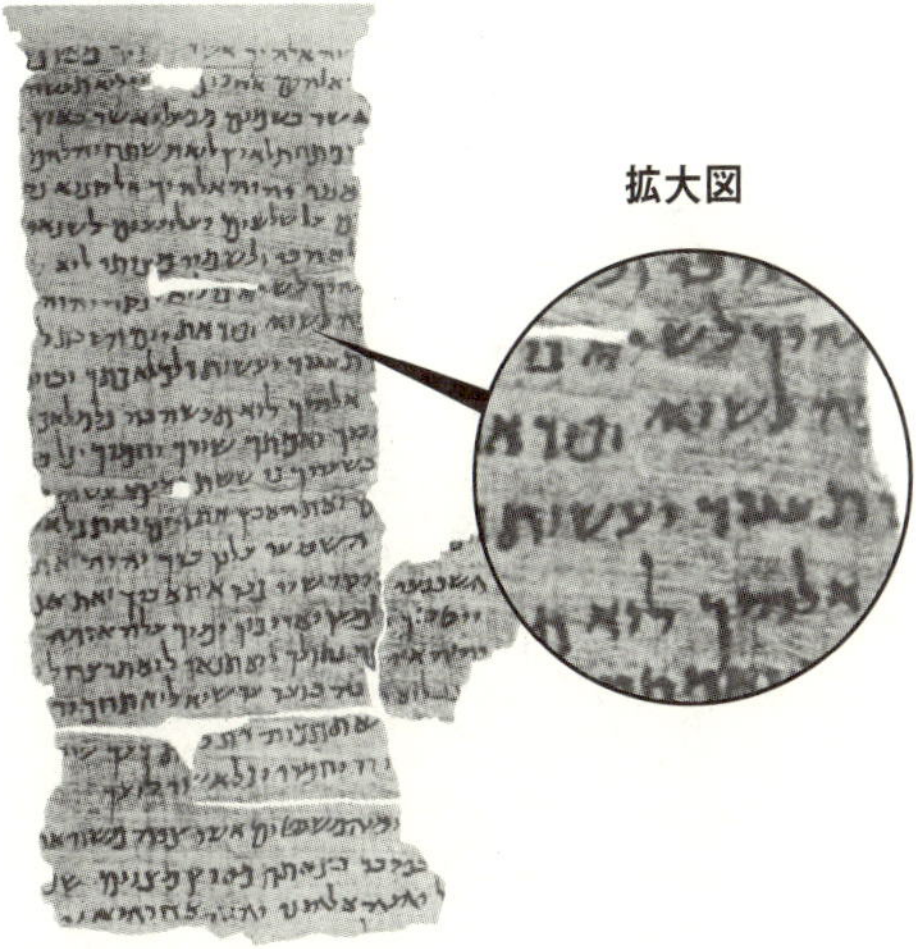

こういうパピルス文書は、すでに三千年前からエジプトに存在していたが、どうしてカナンにいたはずのヘブライ人たちが、パピルスに祖先たちの歴史を書いたのか。

その頃、彼らはカナンからエジプトに南下して住みついていたからである。

ただし、この段階では聖書はまだ聖書ではなかった。ヘブライ人という少数遊牧民族の、きわめて限定された信仰的歴史書でしかなかったのである。それが神から人間に贈られた聖書となるには、モーゼの存在が不可欠である。

苦難はヤコブ一族のエジプト移住から始まった（「出エジプト記」）

モーゼは、紀元前十五世紀頃にエジプトで生まれたヘブライ人であった。エジプトにヘブライ人がいたのは、アブラハムの子孫であるヤコブの一族（約七十人）が、エジプトへと移動していたからである。カナンでひどい飢饉にみまわれ、飼っている多くの羊に食べさせる牧草が必要だったのだ。

エジプトのほうでは乳製品が必要であったため、遊牧民に期間を限って寄留地を貸していたのである。しかし、この移動も偶然ではない。神がヤコブに次のように語ったからである。

「私は神、あなたの父の神である。おそれずにエジプトにくだるがよい。そこで私は、あなたを大きな民にふやそうとしているからである。私はあなたとともにエジプトにくだり、かならずそこからあなたを連れもどそう」（「創世記」第46章）

エジプトのピラミッドは、すでにその一千年前からあった。そしてエジプトは多神教の国であった。それでもエジプトの王とヘブライ人たちの関係は悪くはなかった。しかし、ヘブライ人たちはエジプト人と血が混じりあうことなく、独自性を保っていたのである。

ヘブライ人の人口は急速に増えていった。すると、エジプトの新しい国王はその数を恐れて対策を立てるようになる。

「みよ、イスラエルの子らの民は、われわれよりも数多く、勢力も大きい。さあ、彼らに対して、うまい政策を用いることにしよう。というのは、その民をそれ以上増やさないことだ。万一戦争が起こったら、彼らもまたわれわれの敵と同盟してわれわれにむかって戦い、ついに国を立ち去ってしまうかもしれないから、そうさせないようにするためだ」（「出エジプト記」第1章）

こうしてエジプトの王は、ヘブライ人たちを奴隷《どれい》にして重労働を課し、さらにはヘブライ人の新生児の男子はすべてナイル川に捨てるようにしむけるのである。ヘブライ人であるモーゼが助かって成長できたのは、母が彼を籠《かご》に入れて葦《あし》の茂みに置き、それを水浴びに来たエジプト王の娘がひろって育てたからであった。

このシーンから始まる映画『十戒《じっかい》』は、聖書の「出エジプト記」をかなり忠実に描いている。


モーゼは宮廷の人間であったが、自分がヘブライ人であることをすでに知っており、奴隷であるヘブライ人を強く鞭《むち》打っているエジプト人監督を殺して、砂の中に隠してしまう。そして宮廷から離れると、砂漠にいる遊牧民の中にまぎれて暮らし、家庭をもつようになる。この遊牧民は、アブラハムから出た血筋で、親戚といっていいだろう。

モーゼの前に現われたまったく新しい「神」

ある日モーゼはいつものように、羊の群れを牧《ぼく》しながら荒れ野の向こうにあるシナイ山（ホレブ山ともいう）に行くと、不思議なものを見る。柴が燃えているのに、いつまでたっても燃えつきないのだ。

そこで、神から声をかけられる。しかし、その姿は見えない。モーゼは神の名を尋

川辺でエジプト王の娘にひろわれるモーゼ
（ローレンス・アルマ＝タデマ）

ねる。すると、神はこう言うのである。

「私は在る者である」

これまで、神は自分のことを「アブラハムの神、イサクの神、ヤコブの神」というふうに、代々の族長が信じていた神、いわゆる一民族が信じてきた神だと告げていた。しかし、このときはそうではない。自分は「必然的存在」だと名乗るのである。

「在る者」とは、たんに「今ここに存在する者」という意味ではない。かつて存在し、現在もなお存在し、永遠に存在する者であるという意味をもっている。というのも、古代のヘブライ語では時制がないために、動詞は過去・現在・未来のどれにも使うことができるからである。だから、簡単に「I am who I am.」と訳すことはできない。

この宣言は驚くべきものである。現代でも、「神は実際にいるのか、いないのか。それとも想像上の存在なのか」という疑いをもつものだが、モーゼの前に現われた神は、それらすべての疑いをはらすように実在性を名としているのである。神は疑いようもなく実在していると、神自身が宣言したわけだ。

この宣言は、代々の族長たちに信じられてきたゆえに存在するのではなく、信じられようとも信じられずとも実在する、という力強い宣告だったと言えるだろう。

この「在る者」のヘブライ語をローマ字にすると、「YHWH」となる。一見してわかるように、母音がない。奇妙に思えるが、ヘブライ語はもともと母音がなく、子音だけの言語なのである。だから、ヘブライ語を正しく発音するには、生まれたときからヘブライ語を話す環境にいるか、かなりの勉強が必要になる。また、ヘブライ語は右から左へと書いていくという特徴がある。

この子音だけの「YHWH」を発音すると、「ヤーッハヴェー」となる。これは「存在する」を意味する「ハーヤー」という動詞からの変化形で、「〜を存在させる」あるいは「〜を生かす」という意味をも含んでいる。したがって、「私は在る者である」という宣言には、「私は在り、また在らしめる者である」という積極的な意味をもつことになる。それはとりもなおさず、創造神であるということなのだ。

そのことを、現われた神は、さらに強調してモーゼにこう語る。

「私は主である。アブラハム、イサク、ヤコブに、私はエル・シャッダイとしてあらわれたが、しかし、かれらには、主という私の名を示さなかった。……」（「出エジプト記」第6章）

ドン・ボスコ社の聖書には、この部分の注として次のような直訳が載せられている。

「私は〝在る者〟である。アブラハム、イサク、ヤコブに、私は、至高なる神としてあらわれたが、しかしかれらには、〝在る者〟という私の名を示さなかった」

そして、この部分を含めて神は四回も「私は〝在る者〟である」とくり返すのだ。これまで族長たちは神のことを「泉の神（エル・ロイ）」とか「山の神（エル・シャッダイ）」と呼んできた。それゆえに、神は特定の環境の中に生きてきた一民族の、民族的な信仰の対象としての自然神でしかなかった。だが、ここにいたって、神はついに自分がどういう存在であるかをはっきりと示したのである。モーゼでなくてもびっくりしてしまう。

これを自然神から人格神への大きな変化だということもできる。

神がモーゼに与えた「十戒」とは？

さて、神は、奴隷となって苦しんでいるヘブライ人たちを解放するため、モーゼにエジプト王とかけあうことを命じる。そしてヘブライ人たちがエジプトから逃れたあとで、神は人間がこれから神に対して、また他人に対してどう生きるべきかを教えるのである。

これは一般に「十戒」と呼ばれており、次のようなものである。

1　私以外のどんなものをも神とするな。
2　偶像を造るな。
3　神の名をみだりに唱えるな。
4　安息日を聖とせよ。
5　父母を敬え。
6　殺すな。
7　姦淫《かんいん》するな。
8　盗むな。
9　偽証するな。
10　隣人の家をむさぼるな。

こうしてみると、禁止命令が多く並んでいるような印象を受ける。だが、それは日本語に訳したものだからである。原文のヘブライ語は、事実を認定するニュアンスを含んだも

十戒の刻まれた石板を振り上げるモーゼ(レンブラント)

のだ。英語にすると、shallという助動詞が必要になる。だから、戒めの第一にそのニュアンスを含めると、次のような感じになる。

「おまえは私以外の何ものをも神とはしないし、そうするはずはない」

戒めの第六はこうなる。

「おまえは殺人を犯したりはしないだろう。そんなことをするはずがない」

さらに言うなら、第一戒にあっては、

「自分以外のものを神としてあがめる可能性があるかもしれないけれど、おまえはきっとそういうことはしないと信じているよ」

という言い方なのである。

これらの言い方は裁判官からの禁止命令とはまったく異なるもので、愛と信頼といたわりがこめられている。それは親が子に対する言い方であり、言葉の抱擁《ほうよう》である。

神の全能性についてのよくある誤解の一つに、「本当に全能の神だというのならば、人間の心や行動さえも左右できるはずではないか」というものがある。

しかし、聖書を読むかぎり、神はエデンの園の最初から個々人の自由意思までは束縛していない。よって神を信じないこともできるし、信じながらも神の要求にそむく

モーゼ像(ミケランジェロ)

ことも人間にはできるのである。
神と人間の関係は強制的なものではなく、人格的な関係となるわけだ。

さて、こうして神の十戒は石板に刻まれて、モーゼを代表として人間に与えられることになる。他にも神は、ヘブライ人たちが何を食べるべきか、あるいはどう生きるべきかをこと細かに教える。
そして、これらが彼らの実生活での法律となるのである。

注意しなければならないのは、これはおとぎ話ではないということだ。モーゼにしても実在した人物である。
神から十戒をさずけられたモーゼの姿を

ミケランジェロが彫った巨大な像が、ローマのサン・ピエトロ・イン・ヴィンコリ教会の中に置かれている。

彫像となったモーゼには、頭に二本の角が生えているなどの芸術的脚色が見られるが、その太い右腕の下にたずさえているのが十戒を刻んだ石板である。モーゼといえば、この彫像の写真が用いられることが多いので、教科書や他の書籍で見たことがある人は多いはずである。

十戒とそれに続く神からの言葉が自分たちに与えられた絶対的な法律である以上、これは文字で正確に記され、かつ何人もの手で写されてゆき、神からの「律法」として、生活の中心に置かれて継承されていくことになる。

これこそが聖書成立の第一歩であった。だから、現代もなお、ユダヤ教徒たちの聖書の最初にこの律法の書が置かれているのも、当然のことなのである。

モーゼが十戒を与えられたこの出来事が、いったい紀元前何年に起こったのかは正確にはわかっていない。紀元前一五〇〇年、あるいは紀元前一三〇〇年以後のことだと推測されている。

モーゼの死後も、神はヘブライ人たちによりそって語りかけ、彼らを庇護《ひご》していく。それらの言葉は書きとめられ、またヘブライ人たちに起こった歴史的な事柄も書き加えられて、聖書はだんだんと厚くなっていく。

聖書はおよそ千年にわたって、多くは無名の筆者によって書かれただろうというのが一般的な見方である。

むろん、これは現代では『旧約聖書』と呼ばれている聖書の成立過程のことである。

「出エジプト」後の苦難の道——ユダヤ人はなぜ故国を失った？

紀元前十二世紀、遊牧民族から統一王国へ

エジプトで政治的な理由から奴隷として虐《しいた》げられていたヘブライ人たちは、神の道具となったモーゼによって解放され、再び約束の地カナンに向かった。

しかし、それはまだまだ紀元前十三世紀頃の話である。それから約千三百年にわたって、ヘブライ人（イスラエル人）たちは平穏に暮らし続けてきたわけではない。むしろ、苦難の連続だったのである。

彼らは、神が示したように子孫を増やしていくが、人口が増加するほどに統制がとりにくくなり、唯一神信仰もぐらつく者が出始める。それは遊牧民族から農耕民族に移行しつつあるときの、長い陣痛のようなものだった。

虐げられたヘブライ人たちはモーゼに導かれ再びカナンを目指す

その土地に定着しようとすれば、やがて雑婚が生じ、いきおい先住民たちの信じている土着の多神宗教に染まりやすくなる。また、外部から襲来する他の民族との衝突や戦争もあり、勝利と敗北とをくり返すのである。

特にペリシテ人は強敵だった。ペリシテとは「海の向こうから来た人」という意味で、その名のとおり、彼らはエーゲ海やクレタ島からやってきた海洋民族の一つであった。彼らはエジプトに攻め入ったものの、ラムセス三世（紀元前十二世紀）の軍隊にしりぞけられ、その矛先《ほこさき》を今度はカナンの地にいるイスラエル人たちに向けたのだった。

ペリシテ人たちは戦車と鉄製の武具をもっていたため、鉄工のいなかったイスラエル人たちはしばしば、戦いにおいて劣勢であった。

しかし、他の民族と十分に戦うために、それまでばらばらだったイスラエルの十二の部族は団結せざるをえなくなり、その団結力で統一国家を形成していくのである。

イスラエル人たちの中に王が生まれたのは、このときだった。強い軍事的指導力をもつ王がいて応戦しないかぎり、ペリシテ人などの外来民族たちがしかけてくる戦争に耐えられなかったのだ。

初代の王の名前はサウルである。このサウル王は紀元前十一世紀初めまでの約二十年間在位するが、敵から奪った品物に目がくらんだために、神の意志に背いたと言われるようになる。そしてノイローゼのような状態になり、このときダビデという少年の琴《こと》の演奏で慰められたという。このダビデこそ、二代目の王となる人物である。

ダビデ王――イスラエル人にとって理想の救世主

ダビデが成長して一躍有名となるのは、ペリシテ人ゴリアテとの一騎討ちであった。

ゴリアテの頭部とダビデ(グイド・レーニ)

ゴリアテは巨人とされ、身長は三メートルほどもあったと「サムエル記」にはは描かれている。そのうえに、

「頭に青銅のかぶとをかぶり、うろこ仕立てのよろいを着ていた。よろいの目方は、青銅五千シェケル(約四十キログラム)ほどもあった。脚には青銅のすねあてをつけ、肩に青銅の投げ槍《やり》をかついでいた。手にした長槍の柄は、機織《はたお》り人の巻き棒のようなもので、長槍のひかる先端は、鉄の六百シェケル(約五キログラム)の目方があった」(「サムエル記」上第17章)

こういう描写を読んでも、海洋民

族ペリシテ人たちが、戦いに際していかに重装備をしていたかがわかる。

もっとも、エジプトのテーベ郊外にラムセス三世が建立した埋葬聖堂の、壁に彫られたペリシテ人戦士の格好などを見ると、ひざ上までのスカートを腰につけ頭には馬のたてがみのような冠をつけたりしているので、ペリシテ人の戦士はいつも重装備とはかぎらなかったと考えられる。

しかし、巨人ゴリアテは重装備をしていた。そんなゴリアテに対して、ダビデは杖と牧童用の石投げ器をもち、谷川からひろった石を五個だけ羊飼いの袋に入れて、向かっていくのである。そしてゴリアテの攻撃を敏捷《びんしょう》に避けながら、石投げ器で一個の石を投げつけた。その石はゴリアテのひたいにめり込み、ゴリアテはあっけなくうつぶせに倒れてしまう。

このような事柄から、イスラエル人たちは武器をほとんどもたなくても、神が背後についてさえいれば戦いにおいても勝利することを確信したのだった。

強くて背が高く姿が美しい者は神に助けられているという考え方は、なにもイスラエル人だけに特有なことではない。神を恐れる気持ちがあった当時の多くの人々、また現代においても同じ心理が働いているのだ。

当時のイスラエル人にとって、王は救世主でなければならなかった。神にもっとも強く支えられた救世主だからこそ、彼は現実に力をもち、外敵から自分たちを守ってくれなければならなかったのである。つまり、イスラエル人は、目に見える物理的な強さを救世主に求めていたのだった。

そういう憧《あこが》れがダビデの彫像に表わされている。ミケランジェロが彫った美青年ダビデの像は有名で、多くの人が見たことがあるだろう。また、ドナテッロは剣をたずさえた少年ダビデの裸像を彫っている。イスラエル人にとって、ダビデは強く、美しく、義《ただ》しい人格でなければならないのである。

ミケランジェロの「ダビデ像」

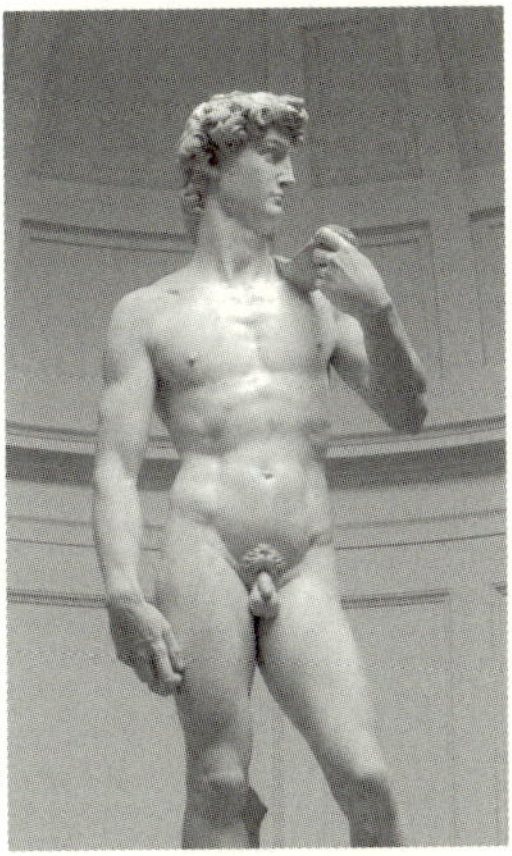

なぜイェルサレムが聖地となったのか？

英雄ダビデがイスラエル人にとっての歴史的アイドルであるのは、物理的強さと宗教的な人格のせいばかりではない。もう一つ、大きな理由がある。それは、ダビデがペリシテ人たちを徹底的に排除し、それまで北と南に分かれていた民族を統一して王国を建てたからであった。

この統一によって、イスラエル人たちはもはや分断されることがなくなった。さらにダビデは「神の平安」という意味をもつイェルサレムを新しい都としたのである。北に住むイスラエル人にとっても南に住むイスラエル人にとっても、ここは中立の地となった。しかも、高地にあるイェルサレムは、他の民族の襲撃を防ぎやすい地形に恵まれていたからである。

ダビデはイェルサレムに、モーゼ以来の十戒が納められた箱（ハリソン・フォード主演の映画のシリーズ「インディ・ジョーンズ」では「アーク」と表現されている）を置き、それによってここは、宗教の中心ともなる。

パレスチナ東西の断面図

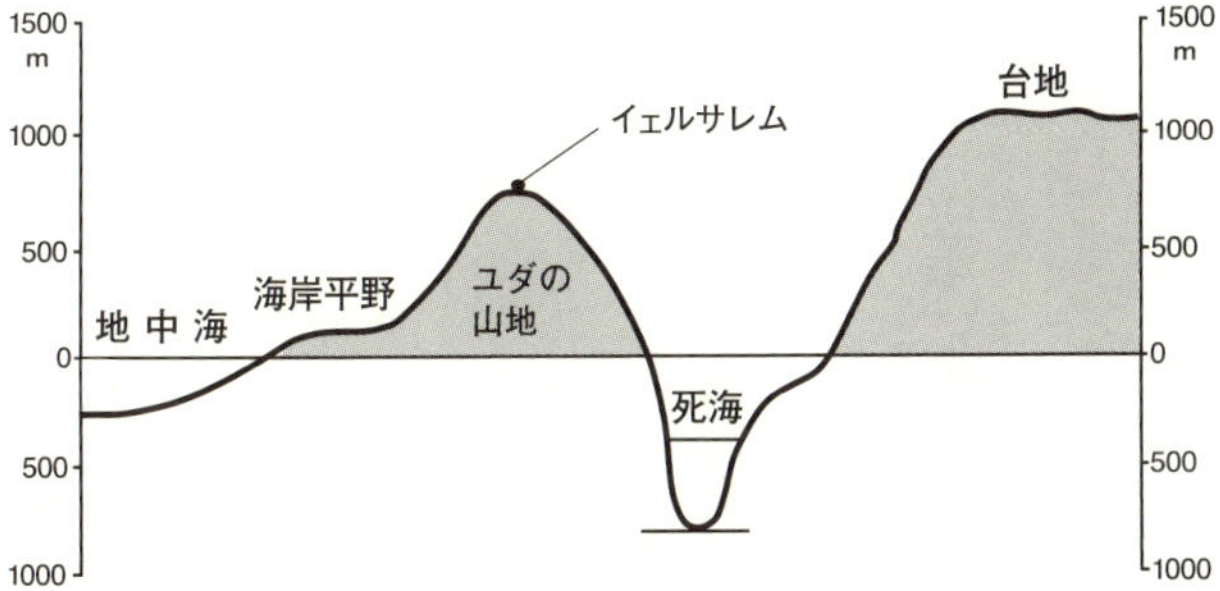

ところで、ペリシテ人たちは、海に面した商業街道がある場所を自分たちの土地とした。そこで、ここに「ペリシテの地」という意味の名がついた。それが現代の「パレスチナ」である。

なぜ、この海岸沿いの土地をめぐって争ったのかというと、このあたりの土地が起伏に富んでいるということも一因となっている。

つまり、断面図を見てもらえばわかるように、海岸平野のほうがずっと農耕と居住と交通に適しているからなのだ。

ここまで読まれた方はすでに気づいているると思うが、土地の形状がイスラエル人たちの歴史で重要な要素となっていたわけである。

さらにダビデについて重要なのは、このと

きにイスラエル人たちが救世主のイメージを固定化して焼きつけてしまったことである。その救世主とは、ダビデのような、強く、賢く、ときにはまちがいを犯すこともあるが結局は神に頭《こうべ》をたれる敬虔《けいけん》な人物なのである。

確かにダビデが在位していた紀元前一〇〇〇年頃から九六一年頃までが、イスラエル王国とイスラエル人たちにとっては、その領土面積においても栄光の日々であった。神はかつてアブラハムとその子孫にカナンの全地を与えると約束してきた。その約束がダビデの統治によって、現実に成就されたからでもあった。

このことからもダビデは「油を注がれた者（神の霊に満たされた者）」（92頁参照）であり、モーゼにつぐ偉大なカリスマ的指導者として記憶されることになったわけである。

「ソロモンの栄華」から「バビロニア捕囚」へ――唯一神への背信

次の王はダビデの息子ソロモン（「平和」という意味をもつ「シャローム」の派生）であった。「ソロモンの栄華」という言葉が残るくらいに、ソロモンは事業を興し、

イスラエル王国の繁栄と分裂

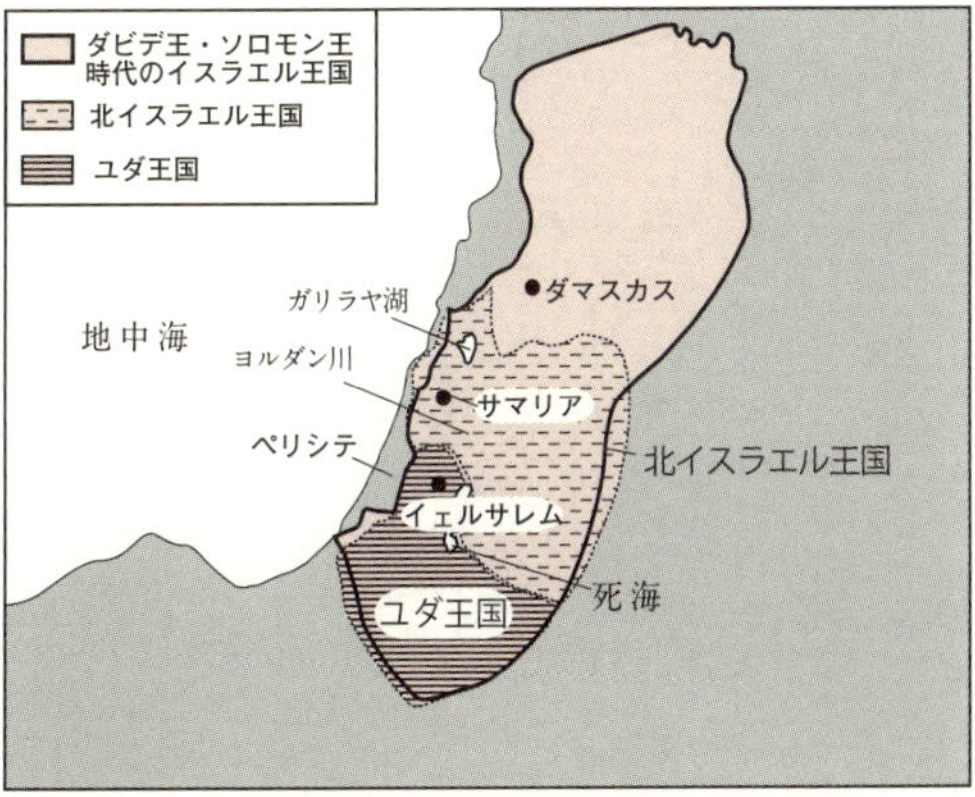

隣国フェニキア（現在のレバノン）のツロ王と通商条約を結んで盛んに貿易を行ない、軍隊を充実させ、税の取り立てなども始め、イスラエルをかつてなかったほどの富んだ国にしたのだった。

ソロモン自身もぜいたくな暮らしをし、「列王紀」第10章によれば、レバノンの森の宮殿にあった什器《じゅうき》はすべて純金製であったという。しかし、そんなソロモンの興国と栄華を実質的に支えていたのは、国民たちの重労働であった。

さらにソロモンは、外国から千人もの妃を迎え、あまつさえ異邦の神を信じるようになる。これはアブラハム以来の唯一神への重大な背信であった。

そのことは国民の深いうらみを買い、ソ

ロモンの死後レハブアムが王となったときに積もり重なっていた忿懣《ふんまん》が噴出し、王国を南北に分裂させてしまうのである。

北王国はサマリアを首都とし、イスラエルを名乗る。南王国はイェルサレムを首都としてユダを名乗る。

さて、分裂したということは国が弱体化したということである。同胞であり同じ神を信じていながら、両者は互いを敵対視するようになったのだ。さらに北王国での内政はひどいもので、王が暗殺されて政権が交代したり、王自身がカナンのバアル神（265頁参照）を信仰したり偶像崇拝に堕落したりしていた。

こういう状態では、すぐに唯一神の加護もなくなる。そして紀元前七二一年頃に北王国はアッシリアに平定され、信仰の堅かった南王国のユダすらも、紀元前五八六年に新バビロニアに滅ぼされてしまうのである。

滅ぼすといっても、全国民を殺戮《さつりく》するわけではない。精神的な支えとなっている神殿を破壊し、国民を捕虜としてとらえてしまうのである。これを「バビロニア捕囚」と呼ぶ。

ユダヤ人の選民思想・救世主願望はここから生まれた

新バビロニアは、その約五十年後にペルシア王キュロスに征服され、キュロス王は捕囚となっていたイスラエル人たちを帰還させる。イスラエル人たちはイェルサレムに戻って神殿を再建するが、もはや彼ら自身の国をもつことなく、ペルシア人に隷属するような状態になってしまうのである。

このときから彼らは「ユダヤ人」と呼ばれ、故国を失って周辺諸国に離散する民となってしまったのである。

こうなると、残るものは信仰しかなくなる。唯一の神が自分たちを見守っているのだと、寸分も疑わない堅い信仰である。特に、ユダヤ人の祖先の信仰が揺らいだために神からいただいた故国を失ったという思いが、信仰をいっそう強くする。こうして、紀元前四二八年頃からユダヤ教が確立されていくのである。

唯一神を信じるユダヤ教徒として生きていくということは、モーゼ以来伝承されてきた宗教的慣習を行なうことであった。週一度の安息日を守り、歴史的過去をしのぶ祭をし、生まれたら性器の包皮を切除する割礼《かつれい》をするのである。同じ民族同士ではヘブライ語で話し、聖書を読み、外国人と結婚しないようにするのである。

それだけで満足するのではない。自分たちユダヤ人は神に特別に選ばれた民族であるという選民思想をもつのである。その根拠は、モーゼの遺言とされる「申命記」第7章にある次の文章なのだ。

「……あなたは、あなたの神である主のために、聖別された民で、あなたの主である神が、あなたをえらばれたのは、あなたが地上にあるすべての民々のあいだで、とくべつに主に属する民となるためだからである。

主があなたたちとともに住むようになり、〔あなたたちを〕おえらびになったのは、あなたたちが、ほかのすべての民にくらべて、数が多いからではない。かえって、あなたたちは、すべての民のなかで、いちばん小さなものにすぎない」

そして、世界に散ってしまったユダヤ人たちは、モーゼのような、あるいはダビデのような、力強い救世主による現実的な祖国奪回と統一を待ち望むようになるのであった。

コラム
ユダヤ人はなぜ優秀か

ノーベル賞受賞者には、ユダヤ教徒が目立つ。経済界においても、ユダヤ教徒の商売のうまさがきわだっている。また、そういう事実にひがんで反発するように、ユダヤ人が世界支配の陰謀をめぐらしているという人もいる。

もちろん、すべてのユダヤ教徒が優秀だというわけではないが、その人口の少なさに比べれば、すぐれた実績を上げた人やノーベル賞受賞者が圧倒的に多いということは否定できない。

その理由の一つとして、彼らは長い間にわたって寄留の民であることがいえるだろう。紀元前に王国を失ってから、ユダヤ人たちは祖国をもたない民として生き続けてきた。自分がいる場所はいつも外国であり、常に差別があり、いつ追放されるかもしれない状況の中で生きてきたのだ。

そういう状態でうまく生きるためには、世故《せこ》にたけなければならない。演技してまでも世渡りがうまくなければならないのだ。そこから環境を客観的に見るという姿勢が養われる。その客観的視点というものが、何をするにしても有効に働くことはまちがいがない。

しかし、ユダヤ人を優秀にさせているのは、やはり大いなる勉強だろう。いつすべてを没収されて追放されるかわからない状況の中で、誰にも奪われることのない財産が、知識と知恵だからである。彼らの生活規範集であるタルムードにも「知識のない者ほど貧しい者はいない」と記され、勉強と知識がいかに大事であるかが、しつこいほどに強調されている。

そして、実際に、彼らはそのとおりに勉強に励むのである。アキバという教師《ラビ》もこう言う。

「人にとっての学問は魚にとっての水のようなものであり、そこから上がったら死んでしまう」

第3章　イエズス・キリスト

――ユダヤ教とキリスト教の分岐点

ユダヤ教とはどんな宗教なのか？

「実在の人」イエズスは、救世主かそれとも預言者か

先にも書いたが、ユダヤ教もイスラム教も、新約聖書を真正なる「聖書」とは認めていない。新約聖書を「聖書」とするのはキリスト教のみである。

エンデルレ書店発行の『キリスト教百科事典』の「新約聖書」の項を引くと、次のように説明されている。（一般表記に替えた）

「神が、人に対して、モーゼをもってした契約に代え、イエズス・キリストをもって新たになしえた約束を新約という。この新約を書きしるしたのが新約聖書で、すなわちキリストの御託身《ごたくしん》後の神の啓示をしるしたものである」

キリスト時代のパレスチナと現代のパレスチナ

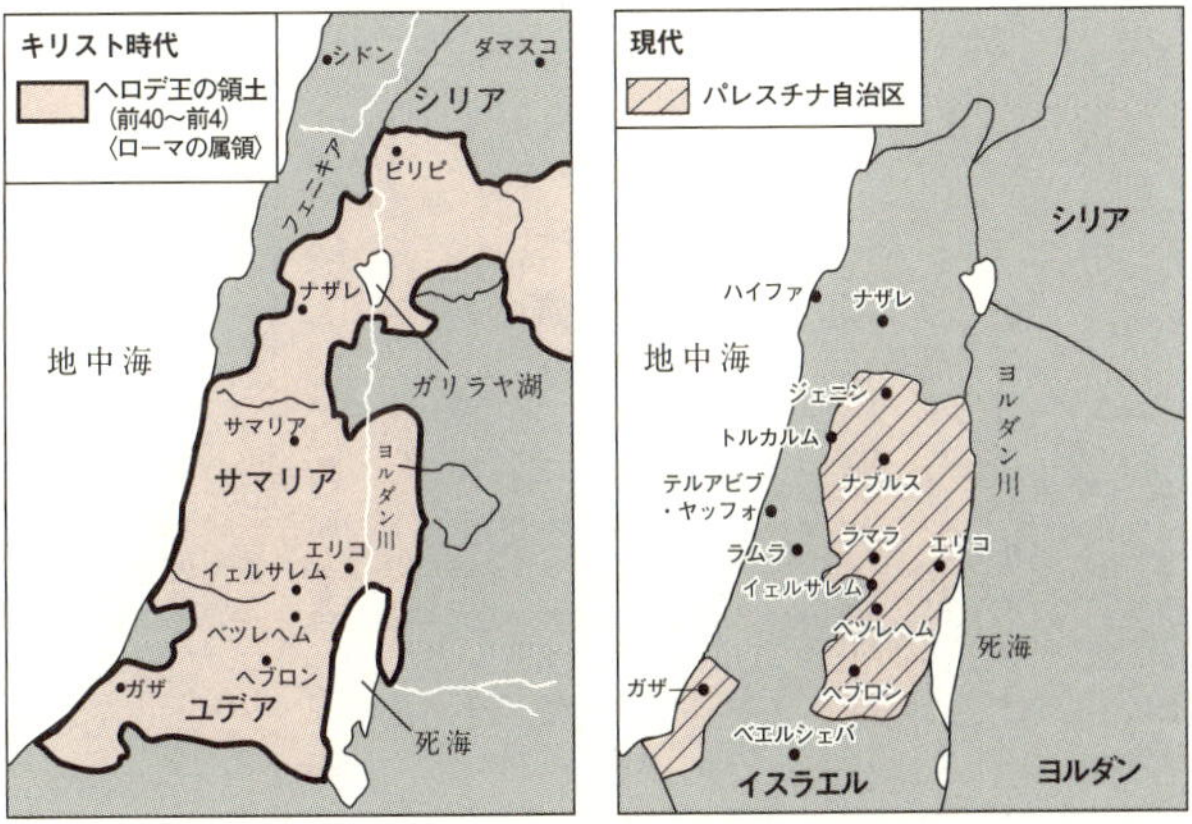

こういう説明からもわかるように、新約聖書が成立するのに欠かせないのは、イエズスという実在の人物である。イエズスは紀元前三〜四年頃に生まれ、ガリラヤ湖と地中海の中間にあるナザレという町で育った男であった。

クリスマスとはこのイエズスという男の誕生を祝う日である。しかし、彼が本当に十二月二十五日にベツレヘムの馬小屋で生まれたのかどうかは現在でもまだ確定できていない。

ところで今、「イエズスという男」という書き方をしたが、この「イエズス」というのは当時のユダヤ人の間にはたくさんあった名前で、「(主の)救い」という意味がある。一方で、キリストという呼び方には決定的に宗教的な意味がある。それは「（聖なる）油を注がれた者」という意味だからである。

油を注がれるというのは奇妙な感じがするかもしれない。だが、神からの律法を堅持して千五百年近くを生きてきたユダヤ人たちの間では、王や祭司、預言者（神の言葉を霊感で聞いて人々に伝える者）が職務につくときは、頭に油を注ぐのが習わしとなっていた。それが「油を注がれた者」である。

この油はオリーブの実から採取される油で、イスラエルの人々にとって重要な生活必需品であった。飢饉のときに油がないのは死を意味していた。油はまた食糧であるばかりではなく、傷を癒す薬であり、身体に香気をそえるものであり、明かりの源となる灯油でもある。さらに、油は顔を輝かせることから喜びの象徴ともされている。

油のもっとも高貴な象徴的な意味は、神の霊を授与されるということであった。それは、神性を惜しみなく与えられることであり、救世主（メシア）は「油を注がれた者」なのである。だから、キリストという呼び名には「神の子」という意味が含まれているわけである。

このため、イエズスの神性を否定しているユダヤ教徒とイスラム教徒は、イエズス

イエズス・キリスト　名前の由来

イエズス・キリスト

一般名　油を注がれた者(＝神の子)

のことを決して「キリスト」とは呼ばない。もしイエズスを「キリスト」と呼ぶならば、彼ら自身が信奉しているユダヤ教やイスラム教を否定することになるからだ。

ここで素朴な疑問が出てくる。

なぜ、アブラハムからの信仰の伝統を継承しているユダヤ人たちが、イエズスという男の神性を認めなかったのか、あるいはイエズスを決して救世主として認めないのか。

ごく簡単に答えてしまえば、ユダヤ人たちがずっとイメージしてきていた強い救世主と、イエズスがあまりに異なるからなのである。

独裁者ヘロデ王が恐れたキリストの誕生

一方では救世主と呼ばれ、また一方からは救世主ではないと否定される、このイエズスの出現について述べる前に、当時の時代環境を少し説明しておこう。

紀元前六世紀に祖国を失ってから、ユダヤ人たちは各国の支配を受けながら自分たちの唯一神信仰を守り続けることになった。かつて遊牧民であった頃は、どこに行っても寄留の民、すなわちヨソモノであったが、今再び同じ状態になってしまったのである。

そして紀元前四〇年、ヘロデがユダヤの王となった。といっても、彼はユダヤ人たちに支持されたカリスマ性をもった王、すなわち「油を注がれた者」としての王ではなく、奸計《かんけい》と暴力で政治的支配権を握った人物であった。

当時のパレスチナ一帯は、紀元前二七二年にイタリア半島を統一したローマ帝国の支配下、すなわち属領地であった。ヘロデはローマの元老院《げんろういん》にとりいって、ローマから「ユダヤの王」という称号を与えられたのだった。

そして強引な手段でパレスチナのローマ化を推し進め、重税を課す独裁者となっていた。独裁するばかりではない。反抗する者、将来にでも自分の地位をおびやかす可能性がある者は、たとえ我が子でも殺す人物だった。

紀元前四年頃、天文学者であり、かつ司祭階級である外国の博士たちが星を読んで

ヘロデ王はイエズスを殺害するために幼児虐殺を行なった（ルーベンス）

イェルサレムに来ると、「生まれたユダヤの王はどこにおられるか」と尋ねた。彼らはイエズス・キリストの誕生を予測していたのである。

その言葉に、自分の王としての地位が危うくなるのではないかとうろたえたヘロデは、自分に仕える学者らを招集してイエズス・キリストの誕生地がベツレヘムであることをつきとめた。

そして、ベツレヘムとその付近の地方にいる子供たちをすべて殺すために、家来をさし向けるのであった。ところが、そのときにはすでにイエズスは、母マリアと父ヨゼフに連れられて、天使の導きにより、地中海の海岸沿いを六百キロ歩いてエジプトに逃れていたのである。

今述べたことは、新約聖書「マタイによる福音書」に書かれていることそのままである。実際にこの通りであったかどうかは確定されてはいないものの、ここには二つの重要なことが描かれている。

一つは地位保全欲に発したヘロデの残虐性である。もう一つは、ユダヤの王はベツレヘムに生まれるという信仰があったということである。

先にも述べたように、ユダヤ人たちは自分たちを他国の支配から解放してくれる救世主を待ち望んでいた。その救世主はダビデのような人間である、とのイメージが固まっていた。もし救世主が本当に現われるのならば、ダビデの生まれた地、すなわちベツレヘムに誕生するという信仰をもっていたわけである。

「だからキリストはベツレヘムに生まれたと書かれたのだ」という人がいる。では、新約聖書のこの記述は、信仰から生まれたフィクション、また、ユダヤ人にイエズスこそ救世主であると信じさせるためのフィクションなのだろうか。

そうかもしれないし、そうでないかもしれない。なぜならば、当時イエズスという名の男児が生まれたのは歴史的事実ではあるが、その場所がベツレヘムであるかどうかはいまだに証明できないからである。

しかし、どこに生まれたかということがイエズスの神性、あるいは特殊な人格を証明する条件ではない。ガリラヤのナザレで育ったこの男が何を言い、何をしたかということこそが、問題になるのである。

世間の度肝を抜いた、イエズスのこんな行為

では、イエズスは何をしたのか。乱暴にいってしまえば、悲しむ人を慰め、治癒をほどこし、貧しい者たちに目を向けたのである。よく奇跡がどうのこうのと興味本位にとりあげられるが、奇跡がイエズスの神性を証明するのではない。彼が短い生涯において表わした愛のみが、彼の神性をあきらかに証明しているのである。

「マタイによる福音書」には次のような記述がある。

「イエズスは全ガリラヤをめぐり、その会堂で教え、み国の福音をのべ、民の中のすべての病、すべてのわずらいをおなおしになった」（第4章）

「イエズスは、すべての町や村をめぐり、その会堂で教えをとき、み国の福音をのべつたえ、多くの病気と、さまざまのわずらいとを、いやされた。また、牧者のいない羊のように、疲れはてて、ぐったりしている人々を見て、あわれにお思いになった」（第9章）

こういうイエズスに出会った多くの人が、すぐさま救世主がこの世に現われたと思ったわけではない。なぜならば、ユダヤ人庶民は食物を得るために朝から晩まで働くのにせいいっぱいで、ユダヤ教の厳しい律法を守ることなどおろそかになっていたからであった。

苦しむ人々を救済し、希望を与えることは、本来は宗教者がしなければならないことである。ところが、当時のユダヤ教の宗教関係者は、これを怠るどころか、庶民とはまったく離れた存在であった。

ユダヤ教は、もはや庶民のものではなかった。教養のない一般庶民は、ヘブライ語で書かれた聖書（旧約）を読むこともできず、ユダヤ教は実質上、身近なものではなかったのだ。ユダヤ教は、知性ある恵まれた人々のみが偽善的にいそしむ宗教となっていたのである。

一方イエズスが多く接したのは、学者や宗教人ではなく、社会の底辺であえぎながら生きている人々、貧しい人々、さげすまれている遊女、罪人として嫌われている徴税人だったのだ。

イエズスは多くの人々を癒して歩いただけではない。人間にとって大事なことをも述べ伝えていた。

紀元二八年頃、パレスチナはローマの属領ではあったものの、ユダヤ人たちは自分たちの宗教を守ることが許され、各地には多くの会堂があった。この会堂とは、シナゴーグ、すなわちユダヤ教の教会のことである。

ヘブライ語ではベート・ハッケネーセートといい、「集会の家」という意味がある。神に祈ったり、聖書を朗読したり、説教したりする場なのであるが、いったいいつ頃から会堂が存在したのかは、諸説がありはっきりとはわかっていない。おおよそ、ヘブライ人が出エジプト後にカナンに定住してからではないかとされている。

先ほどの引用では、イエズスが「会堂で教え」とあるが、会堂で説教するのは、三十歳以上の男子で招きがあれば誰でもできたというから、イエズスもそうしたのだろう。ただ、イエズスの説教は、他の律法学者たちとはまったくちがうものであった。

そのことが「マタイによる福音書」などで述べられている。

「イエズスが、こう話しおえられたとき、人々はその教えにおどろいた。なぜなら、イエズスが、律法学士のようにではなく、みずから権威をもつ人のように、お教えになったからである」（第7章）

神からユダヤ人に与えられた律法を研究する学者たちの説教は、もっぱら祖先からの伝承を語り伝えるだけのものであった。それなのに、イエズスは「みずから権威をもつ人のように」説教をしたからであった。

それに対して「人々は驚いた」とある。この驚きは二種類であった。真の権威を見る驚き、それから、なんと傲慢《ごうまん》なことをするのだという驚きである。特に宗教人は、後者の驚きをもってイエズスを見たのである。

まるで自分が神であるかのように話していると宗教人はとらえた。それは、神をも恐れぬ行為、傲慢な態度、律法の教えをくつがえすやり方だと判断したわけであった。それでもイエズスは、権威をもって語ることを決してやめなかった。

ユダヤ教の戒律は、なぜこれほど厳しいのか?

語るだけではない。聖書をそらんじているこのナザレ育ちの男は、ユダヤ教の律法で禁じられていることすら行なったのである。それは、休みの日にも病人を癒すことであった。

ユダヤ教の律法は、教徒にとっては、現代人が考える法律などよりもはるかに厳しいものである。律法を犯せばその場で公然ととがめられたし、厳しい罰が待っている。そして何よりも、律法侵犯は唯一の神に背く重大な行為とされていた。

その律法の一つに、安息日がある。すなわち、金曜日の日没から土曜日の日没までの休みの日は神に捧げる日であり、どんなことであっても決して働いてはならないというものである。これはあの十戒の、第四戒「安息日を聖とせよ」から生まれた律法である。

モーゼが神から受けたというこの十戒は、先に記したようにもともとはヘブライ語で二語ですむような簡単なものだったらしいのだが、後代の神学的解釈も加わり、旧約聖書では次に見るように長たらしい文章になっている。

「安息日を覚えて、これを聖とせよ。六日のあいだ働いてあなたのすべてのわざをせよ。七日目はあなたの神、主の安息であるから、なんのわざをもしてはならない。あなたもあなたのむすこ、娘、しもべ、はしため、家畜、またあなたの門のうちにいる他国の人もそうである。主は六日のうちに、天と地と海と、その中のすべてのものを造って、七日目に休まれたからである。それで主は安息日を祝福して聖とされた」（共同訳「出エジプト記」第20章）

問題は、「なんのわざをもしてはならない」という部分である。いっさいの働きが禁止されているのである。ちょっとした商行為はもちろん、遠出をすること、火をともすこと、料理さえつくってはならなかったのだ。ユダヤ人たちは、十戒の禁止事項をそれほど四角四面に解釈して、自分たちに律法として課していたのであった。

ところが、ナザレから来たイエズスという男は、安息日でも貧しい病人を見舞い、治療行為を行なっている。当然、敬虔なユダヤ教徒にとがめられるはずである。治療行為もまた「働き」にあたるからだ。

ユダヤ教の戒律を遵守することのみを重視している学者たちが、その点についてイエズスに問いただすと、彼は片手が不自由な人を癒してからこう答えるのである。

「あなたがたに尋ねるが、安息日に許されているのは善を行なうことか、悪を行なうことか、また、命を救うことか、滅ぼすことか」（「ルカによる福音書」第6章）

「あなたがたのうちのだれかが一頭の羊をもっていて、それが安息日に穴に落ちたならば、つかんで引きあげてやらないだろうか。人は羊よりはるかに大切ではないか。だから、安息日に善をすることは許されている」（「マタイによる福音書」第12章）

こういう返答をされて、律法学者らは感心するどころか怒り狂うのであった。

当時の社会にあって権力をもっていたのは、律法学者たちであった。律法学者になるにはたいへんな勉強が必要だった。現代の司法試験の比ではない。もっとも早く出世したとしても、四十歳を越えてからでなければ刑事と民事の裁判官にはなれなかったほどだ。

要するに彼らは、宗教的かつ社会的なエリートであり、実質上の支配階層であり、人々の模範であり、崇敬を受けていたのだった。だから、律法学者が通りを歩いていると、付近の住民はみな起立して尊敬の意を表したのだった。

「祝宴に律法学者の卵が出席するというだけで、大変な名誉だった。律法学者は年長者、あるいは自分の両親よりも先に歩いた。彼らの墓は、族長や預言者たちの墓と同じように崇拝され、伝説の対象となった」（G・ベシエール『イエスの生涯』）ほどであった。

このような律法学者らは、ことごとくを律法にしたがって判断することを第一義とし、人間にとって本当に大事なのはいったい何かということは考慮しないのがふつうであった。だから、金曜日の日没から土曜日の日没にいたるまでの安息日には、誰がケガをしようとも急病になろうとも、助けないのが神の意志だとするのである。

そういうかたくなさをイエズスは行動と言葉で突いたのであった。本当に大事なのは、律法を守ることなのか、それとも人間の生命なのか、というわけである。それでもなお、彼らは律法を守ることに固執したのである。

ユダヤ教の関係者や聖職者のすべてがそうであったというわけではない。ただ、新約聖書の叙述には、律法学者らの非人間的な厳格さをあまりにも強調する傾向がある。

イエズスの教えとユダヤ教の決定的な違い

病人・貧しい人はそれだけで「罪人」!?

新約聖書を少しでも読んでみると、イエズスが不治とも思われるような病を治したり、癒したりする場面が多く出てくる。現代から見れば、小さな奇跡を日常的にたくさん行なっているように見える。

しかし、そのような癒しをしたり、不思議な現象を起こしたりする人間は、当時（紀元二八年頃）のパレスチナには他にも少なくなかったことを指摘しておかなければならない。

たとえば、イエズスは耳も聞こえず口もきけない人を癒すときには、相手の両耳に自分の指を差し入れ、それから指に唾《つば》をつけて相手の舌に触れ、息を吹き込んでから

「開け」と言う。この方法は、当時の魔術師のやり方とほとんど同じなのである。またイエズスは、悪霊を追い出すということさえする。だから、しばしば彼は「ナザレから来た魔術師だ」と見られたのだ。

しかし、イエズスは癒すことだけを目的としていたのである。そこには金銭や利得は介在しなかった。というのも、治癒や奇跡の力は神からいただいたものであり、神から無償でいただいたものは、他の人にも無償で与えなければならないとしていたからである。

イエズスはそういう理屈をいちいち述べていたわけではなかった。方々《ほうぼう》を歩いて治療費さえ支払えない貧しい人々の病いを献身的に癒していただけであった。

ここには、当時の社会にあっては、病気になっても特権階級の金持ちしか医者にかかることができなかったという事情がある。

医療費が高額であるばかりではなく、貧しい病人は差別されていたという背景がそこにはある。なぜならば、肉体が病むのも心を病むのも霊の影響を受けていることであり、病気になるのは不信仰ゆえの結果で、罪とされたからである。だから、宗教と医療の間に境目がまったくない社会であった。

ちなみに、このように結果を見たうえでその原因をさかのぼって推測することを、原因帰属推論という。この原因帰属推論は、物理化学的な現象に用いるときは有効に働くが、人間にあてはめると勝手な断言となってしまう。しかし、これは現代までずっと続いている非論理的な推論でもある。

さて、イエズスは治癒をこれみよがしに行なっていたわけではない。イェルサレム以外の都市はまったく訪れておらず、小さな村やへんぴな地方ばかりをめぐり歩き、もっぱら見捨てられた病人たちを癒していたのである。

だから、イエズスの行ないや言葉は「神への冒瀆」ととらえられた

イエズスはこのように、社会から疎外された人々に多く接した。貧しい人々、徴税人、病人、さらにはユダヤ教の律法を守ることができない人々も、ユダヤ教社会ではいっしょくたに「罪人」と呼ばれるのがふつうであった。イエズスほどの旧約聖書の知識をもつ人間が接すべきではない人々であった。

新約聖書を読んでいると、「罪人」という言葉が多々出てくるが、以上のような意味で用いられているのだ。

だから、イエズスが徴税人や貧しい人々といっしょに食事をしていると、律法学者たちはこう質問せざるをえないのである。

「なぜ、徴税人や罪人らとともに食事をするのか」

これに対してイエズスはこう答える。

「医者を必要とするのは健康な人ではなく、病人である。わたしが来たのは、正しい人を招くためではなく、罪びとを招くためである」（「マルコによる福音書」第2章）

律法によれば、罪人と交わってはならないとある。だから、イエズスはここでも律法違反をしていることになる。厳格な律法の一点一画を守ろうとするユダヤ教徒の目から見れば、イエズスの行ない、イエズスの言葉のほとんどが、律法違反となってしまうのだ。

パレスチナのユダヤ教社会で差別されていたのは、疾病者や下層庶民、奴隷ばかりではなかった。宗教上の成人年齢である十二歳に達していない子供、女性、外国人もまた律法上では何の権利をもつことができなかったのである。

だから、イエズスが次のように子供を引き合いに出して神の国について述べたとき、聞いていた人々には動揺が生じ、宗教関係者にはあまりにもいぶかしく思われたのである。

「あなたたちによく言っておく。あなたたちは心を入れかえて幼な子のようにならなければ、天の国には入れない。だから、自分を低くしてこの幼な子のようになる者が、天の国でいちばん偉いのである」（「マタイによる福音書」第18章）

たとえば、今では当然と思われる次のような説教の内容もまた、当時のユダヤ教社会ではれっきとした律法違反となり、多くの人々を驚かせるものだった。

「命のために何を食べ、何を飲もうか、また体のために何を着ようかと、思い煩ってはならない。命は食べ物にまさり、体は着る物にまさっているではないか」（「マタイによる福音書」第6章）

すでに述べたように、ユダヤ教の律法は、生活のあらゆることについて神の意志にそうためにはどうすべきかということを規定している。もちろん、食事規定もある。食べてよい清浄な食品は「コシェー」と呼ばれていた。たとえばユダヤ教徒が食べていい肉は、牛、羊、鴨《かも》、鵞鳥《がちょう》などであり、魚だったら鱗《うろこ》とヒレのあるものでなければならない。反対に食べてはならない食品は「トレイフ」と呼ばれ、豚肉、エビなどの甲殻類、貝類、そして鱗とヒレのないウナギや鮫《さめ》などである。これは現代でもなお遵守されている。であるから、イエズスの説教がいかに律法学者らの不興をかったか想像されるだろう。

イエズスの言行の中で、もっとも有名とされる山上《さんじょう》の垂訓《すいくん》も律法に抵触する。

「貧しき者は幸いである。天の国はその人のものだからである」(「マタイによる福音書」第5章)

先ほども述べたように貧乏人は罪人とされていたのである。それなのに天国は貧しい者のものだと言うのである。律法学者にしてみれば、イエズスは神の国は罪人のものだと言っていることになる。

さらに、天国が誰のものであるかという重要なことをなぜイエズスが断言できるのかと律法学者らは怒ったのだ。それではまるでイエズスが神のようではないかというわけだった。イエズスはあきらかに神を冒瀆《ぼうとく》する言動をしていると、律法学者らは非難するのである。

三十歳のイエズスが最初に人々の前に姿を現わしたとき、旧約聖書をよく知っていることから、彼はいわゆる教師《ラビ》だと思われていた。

しかし、言うことなすこと、律法を無視したり律法に違反したりしている。イエズスが伝統的な律法学者らの強い反感と憎悪を招いたのは、当然のなりゆきだったのである。

「貧しき者は幸いである」が意味すること

先ほど引用した山上の垂訓の一部「貧しき者は幸いである。天の国はその人のものだからである」は、今でもなお誤解されている一文である。「貧しい」という言葉を経済的に困窮しているという意味だけに限定して解釈されているからである。

フランシスコ会聖書研究所訳注の新約聖書は、次のように訳して注をほどこしている。

「自分の貧しさを知る人は幸いである、……。

＊「自分の貧しさを知る人」は、一般には「心の貧しい人」と訳されているが、直訳では「霊において貧しい人」。人を幸福にするものは、自分の力で手に入れられるこの世の富ではなく、祈りによって神から与えられる恵みだけである」

この注釈があまりにも神学的なものに聞こえるのなら、現代日本の小説家、曽野綾子氏の次のような解釈はどうであろうか。

「心の貧しい人、というのは、日本語の表現とは違う。普通人間は何かにより頼んで生きる。自分の外見、健康または不健康、体力、才能、親の力、親戚の引き、学歴など……。それらを一切持たない人だけが心から神により頼む。そういう人々のことを『心の貧しい人』と聖書は表現したのであった」（『新潮45』一九九七年十月号）

同じ部分を、カトリック司祭でありシェイクスピア研究家であるピーター・ミルワードは次のように説明している。

「『だけどどうして貧しい人たちが神の国に一番適するのだ』と聞く人があるであろう。貧しい人たちは純真で、謙虚で、勤勉だからである。彼らはこの世に期待をかけない。時として彼らは、『苦しい時の神頼み』という諺《ことわざ》を思い出すかもしれない。神に祈ることはあまりしないかもしれないが、いつもお互いに助け合う。助け合うことはイエスも強調していることだが、お互いに助け合えば、必要なときには助けが得られることを、実践的直感で彼らは知っているのである」

しかし、歴史上のイエズスはやはり、経済的に貧しい者もまた幸いであるという意味でも言ったのである。なぜなら、このときに彼の言葉を聞きに来た人々のほとんどが病人か障害者、不遇と貧困に苦しんでいる人々、その上、教養もない人々でもあった。そんな人々に向かって、学識を駆使して深く考えなければわからないような言葉をイエズスが与えるわけはないからだ。

また、イエズスの言葉のすべてを理解したとは思われない。しかし、彼の言葉を聞いて喜びをおぼえただろう。そうでなければ、病気を癒すということだけで多くの人が彼を慕ったということが、理解できなくなる。

イエズスの起こした奇跡を解明すると……

イエズスの言動を中心に記した新約聖書の福音書を読んで誰もがそのすべてを理解できるわけではない。中でもイエズスの起こした奇跡の叙述は、物理など科学的知識を土台にした教育を受けた現代人にとって不思議なものでしかない。

ざっと眺めてみただけでもイエズスは次のような奇跡を起こしている。

婚礼の席で水を葡萄酒《ぶどうしゅ》に変える。

嵐を鎮める。

パンの量を増やす。

海の上を歩く。

いちじくの木を瞬時に枯らす。

イエズスは超能力者であったという説明は何も説明していないことになる。超能力という概念の中身が何も定まっていないからだ。それはせいぜい曖昧《あいまい》なイメージでしかない。

イエズスの起こした奇跡によってラザロは生き返ったという
(「ラザロの復活」ゴッホ)

イエズスの奇跡は実際にはそのようなことが起きたのではなく、何か重要なことを象徴する叙述の形、あるいはまた一種の暗喩《あんゆ》なのだとする学者もいる。

たとえば、イエズスが十字架刑で死亡し、葬られたにもかかわらず三日後によみがえって人々の前に現われたという奇跡は、何も信じていなかった人がはじめてイエズスを信じた体験を、象徴的に表現したものだというわけだ。

いずれにしろ、福音書に記録された数々の奇跡は解明されていない。それでもなお、人は何が起きているかを追求したがるものだ。それはキリスト教関係者も同じだ。盲目的に信じるだけですませているわけではない。

パンの量を増やすという奇跡は、次のようなものだ。イエズスは自分についてきた群衆が空腹であることを知り、パンを分け与えようとした。しかし食糧はパン五つと二匹の魚しかなかった。それでもイエズスは祈ってからパンを裂いて分けた。結果的に五千人以上の人が満腹するまで食べてなお、十二の籠にいっぱいになるほどのパンが余った。

物理的にはありえないこの不思議な事象について、前述の曽野綾子氏は『現代に生きる聖書』で次のように書いている。

「これについて、大変面白い説を立てていらっしゃる神父様がおられます。これは奇跡というよりもきわめてリアリスティックな説明ですが、実は彼らはみんな食料を持っていた、と言うのです。これはあり得る話です。村もない、レストランも、物を売っている店もない田舎ですから、だいたいの人が少し遠い所へ行くときは食料を持って出掛けるのが普通でしょう。けれど、人にやるのもくやしいからみんな隠しているわけです。

ところが群衆は、イエスの弟子のほうから先に、ほんの少しにせよ実際にパンを分けてもらったので、われもわれもと自分のパンを出した。そこで、あなたどうぞ、僕のもどうぞ、私のも召し上がってください、ということになる。そうすると、五千人がすべて食べて残りが出ても、少しも不思議はないのです」

この説明では物理的な問題が配分の問題に変化してはいるが、象徴や暗喩がどうのこうのという知性的な解釈よりもはるかに現実に近いものになっている。

なぜイエズスは十字架にかけられたのか？

『聖書』に出てくるエッセネ派・サドカイ派・パリサイ派とは？

当時のユダヤ教は実際には多くの派閥に分かれていて、それぞれに特徴があった。そのうちの重要なものをここに記しておく。

まず、エッセネ派である。彼らは、紀元前約一五〇年より前から一般のユダヤ教徒からは離れて死海のほとりの荒野に隠遁《いんとん》し、静かでつつましい共同生活を送っていた。いわば隠れた修道僧のようなものであり、菜食主義者であり、財産は共有していた。

エッセネ派は、閉鎖的な小集団で、社会に働きかけることはなかった。いくつかの僧院に分かれて住んでおり、全体でも四千人程度だったと思われる。一九四六年にヨルダン川西岸地区のクムランの洞窟で発見された『死海文書《しかいもんじょ》』は彼らが写したもので、紀元前一〇〇年の頃の写本だと推定されている。

熱心党という派閥もあった。その名称は「律法に熱心な者」というところから来ているが、彼らはいわばユダヤ教の半政治的国粋主義者であった。パレスチナを支配するローマ人を憎悪し、戦争をしかける準備をしたり、反乱をくわだてることもあった。

熱心党の指導者は小さなナイフを隠しもち、反対者を刺殺することまであった。神殿の犠牲奉納を担当する祭司らには、この熱心党に共鳴する者が多かったという。

クムラン周辺で発見された「死海文書」（イザヤ書）

サドカイ派は少数派ではあるが、貴族出身の高位聖職者たち（大祭司、祭司長）、名士、イェルサレム出身の大商人や大地主といった、いわば成功者らで構成され、ユダヤ教社会の中心にあって指導的な立場にあった。そのせいか、彼らは現世の富と享楽こそ幸福

であるとしていた。

議員も彼らサドカイ派が多く、政治的な事柄にもっぱら従事していて、イエズスとその弟子たちの言動に対しては、あきらかな敵意を抱いていた派閥である。

新約聖書に何度も出てくるのは、パリサイ派（ファリサイ派ともいう）である。この派閥の中心は中産階級出身の熱心なユダヤ教徒であった。

パリサイ派は、先に説明したサドカイ派を侮蔑《ぶべつ》しており、サドカイ派と接するのはけがれだと考えていた。このパリサイ派がもっとも数が多く、数ある会堂を牛耳っており、ユダヤ人社会に最大の影響を及ぼしていた。彼らから律法学者が多く輩出し、民衆の宗教的・民事的決定や裁判に関わっていたのである。また、ユダヤ教徒子弟たちの教育係でもあった。

パリサイ派は意地の悪い風紀係の教諭のような存在であり、歩く律法であった。彼らは厳格な形式主義者であるから、律法を守らない庶民を、神の救いから見放された民として軽蔑していた。

遊女と話をし、貧しい人々と食事を共にするイエズスを非難するのも、このパリサイ派の連中であった。しかし、イェルサレムのパリサイ派の中には、イエズスの弟子

ユダヤ教の職位

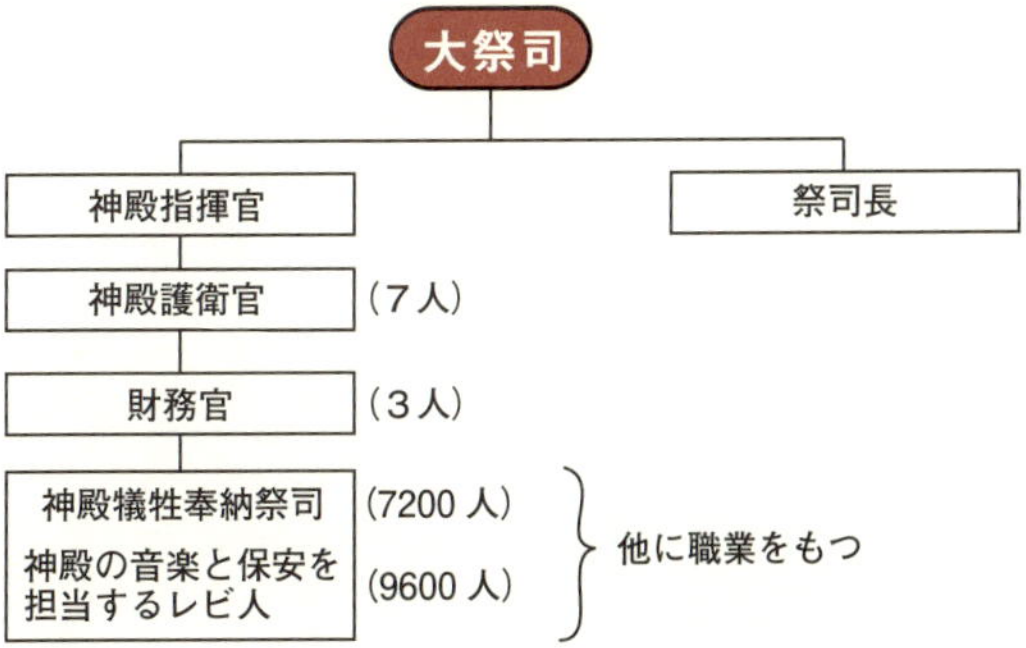

になった人もいたのである。

イエズスはなぜ パリサイ派を批判したか

当時のユダヤ教は、このようにかなり硬直化していたのである。すなわち形式的であり、律法を守り、儀式に参加することのみが神の意志にかなうことだと決めつけられていたのである。そういう風潮の中では、心のあり方が無視されるようになっていた。また一面では、宗教的偽善が大手を振っている社会でもあった。

だから、イエズスは彼らパリサイ派について、はっきりとこう言うのである。

「律法学者やファリサイ派の人々はモーセの座についている。だから、彼らの言うことはすべて実行し、また守りなさい。しかし、彼らの行ないを見ならってはならない。彼らは言うだけで、実行しないからである。彼らは重い荷をたばねて人の肩に負わせるが、自分たちはそれを動かすために指一本触れようとはしない。その行ないはすべて、人に見せるためのものである。……」（「マタイによる福音書」第23章）

「あなたがたファリサイ派の人々は、杯や皿の外がわは清めるが、自分の内がわは強欲と悪意とに満ちている。愚かな人たち、外がわをお造りになったかたが、内がわもまたお造りになったのではないか。ただ中にあるものを施せ。そうすれば、いっさいが、あなたがたにとって清いものとなる。しかし、ファリサイ派の人々、あなたがたは不幸だ。あなたがたは、はっかやヘンルーダ、その他あらゆる野菜の十分の一を納めているが、正義と神に対する愛をなおざりにしているからである。先のものもなおざりにしてはならないが、あなたがたがしなければならなかったのは、後のことである。……」（「マタイによる福音書」第23章）

こういう批判の中にも、イエズスの求めるものが明瞭に示されている。それは愛である。もっとも重要なものである愛がたりないとイエズスは言っているのである。イエズスの教えをたった一言で表わすならば、「愛しなさい」である。新約聖書のすべての文字はこの一言で代用できるのだ。

「わたしは新しい掟をあなたたちに与える。互いに愛し合いなさい」(「ヨハネによる福音書」第13章)

イエズスはこの世に欠けている愛という内実を訴えたのだが、律法学者たちにはそんな忠告を聞き入れる耳はなかった。今の文章についていえば、パリサイ派の人々は「どんな権威で新しい掟を与えるなどと言うことができるのだ」ということにばかり目が行ってしまうのであった。

こうして律法学者とパリサイ派の人々は、律法を軽んじ罪を容認する人間としてイエズスを危険視し、サドカイ派の人々もイエズスをユダヤ教の伝統的権威を無視する者として危険視することになるのである。

また、イエズスが祈るときに神に「アッバー」と呼びかけたことも大祭司の怒りを買っている。十戒には「神の名をみだりに唱えるな」という戒めがあり、そのためユダヤ人たちはヤーッハヴェーとは決して言わずに、「アドナイ（主よ）」と呼ぶのがふつうであった。

しかし、イエズスは「お父ちゃん」という意味のあまりにも親しい呼びかけ「アッバー」で神に語りかけたのである。それは、自分が神の子であると言うのと同じことである。自分を神の子とすることは、律法に縛られたユダヤ教社会では死罪に値し、ここに人々は、イエズスを刑に処す理由の一端を見出そうとしたのである。もはやイエズスを宗教裁判にかけて、彼が本当に有罪であるかを公《おおや》けに確かめるしかない。

宗教裁判で有罪、そして死刑に――その政治的理由

こうしてイエズスは宗教裁判の場に立たされる。ところが、有罪とするための人々の証言が一致しない。しびれを切らした大祭司は、直接的な訊問をすることにした。

「大祭司は再びイエズスに尋ねた。

『あなたはほむべき方の子、メシアか』（〝ほむべき方〟とは神をさしている。大祭司はユダヤ人の慣習にしたがって、神という言葉を直接に使うのを避けている）

イエズスは言われた。

『そのとおりである。あなたがたは、人の子が力あるおん方の右に座し、天の雲を伴って来るのを見るであろう』

すると、大祭司は衣を引き裂いて言った。

『どうしてこれ以上、証人の必要があろうか。あなたがたは冒瀆の言葉を聞いた。これをどう思うか』

一同はイエズスが死に値する者であると判決した」（「マルコによる福音書」第14章）

おまえは神の子である救世主、ユダヤ人たちが何百年も待ち続けていたメシアであるのかと聞かれて、イエズスが「そのとおりである」と返答したために、大祭司と評議員たちが怒り心頭に発したわけではない。

当時はメシアを名乗る者が何人もいた。現代で自分が仏陀《ぶっだ》であるとか宇宙人であるとか言ってもかまわないように、当時のパレスチナでメシアを自称しても、とりたてて告訴されることはなかったのだ。大祭司と居並ぶ七十一人の評議員を怒らせたのは、そのあとに続く傍線を引いた言葉であった。

この言葉は聖書（旧約）の「詩篇」の第一〇九篇（あるいは一一〇篇）と「ダニエル書」第7章からのもので、これらの言葉は神にのみ用いられる表現と象徴であり、人間に用いることはタブーとなっていたのだった。それをイエズスはよりによって自分に用いたのだ。これは、自分が神と同格の者であることを強く表明することであった。ここに最高の冒瀆が証明されたのだった。

ところが、ローマ属領の住民にすぎないユダヤ人たちは、イエズスを有罪と決めても死刑を実行することはできなかった。死刑を執行するには、ローマ総督の許可がなければならない。そこで、ローマ皇帝ティベリウス（在位：紀元一四～三七年）からパレスチナでのローマ総督を任せられているユダヤ人ポンティオ・ピラトの前にイエズスを連れていく。だが、ピラトはこのイエズスという男に何の罪も認められないと判断した。

しかし、ユダヤ人は次のようなことを総督に叫び言うのである。

ローマ帝国の発展

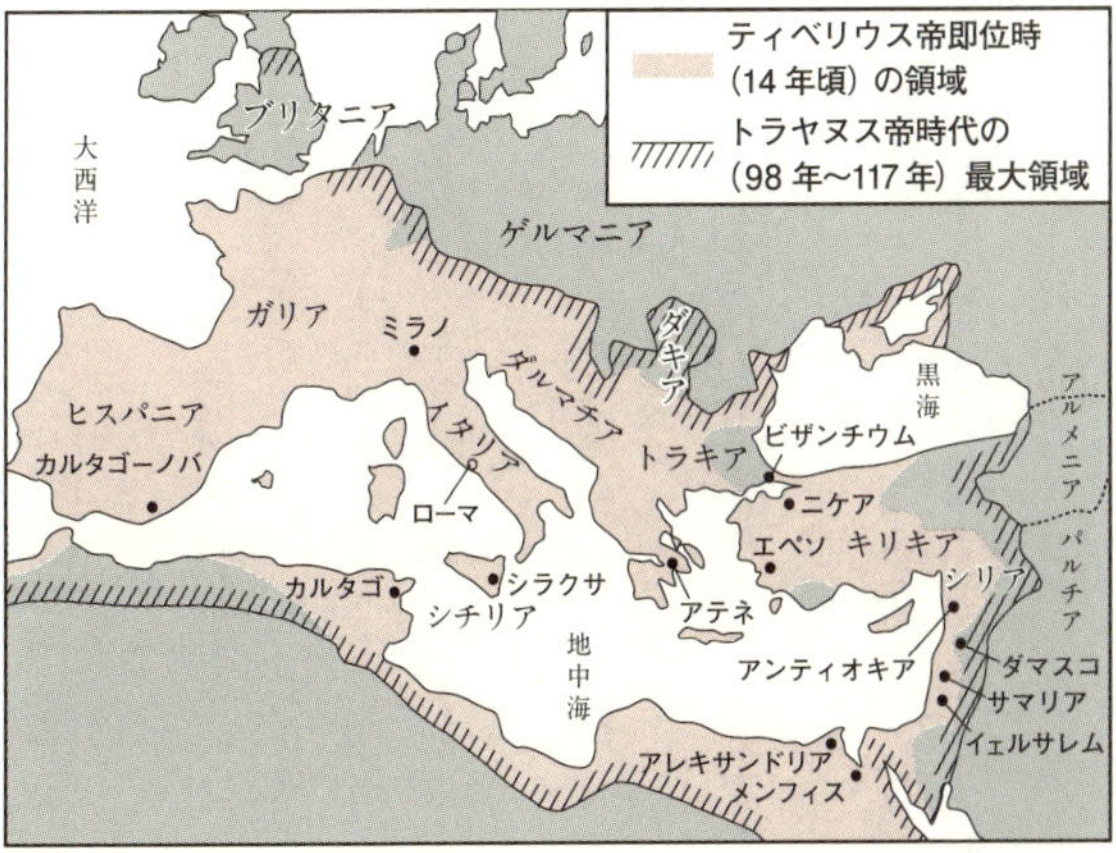

「この男は自分を神だと言い、ユダヤ人の王だと言っている本人だぞ。皇帝に敵対する王だと自称するこの男を無実として釈放するならば、総督、あなたは皇帝の忠臣ではなく、あなたもまた皇帝の敵となるではありませんか」

統治されていたユダヤ人らがいつ決起して反乱を起こすかと、ローマが戦々恐々としていた時代である。そんなユダヤ人が王を立てるということは、ローマの統治から独立することを意味していた。

そういう政治犯をみすみす無実として釈放することは、ローマ皇帝への反逆ではないかと彼らはピラトに言ったのである。ピラトとしては、ユダヤ人の王を釈放したと皇帝に告げられれば、自分の地位が危なくなる。そこでいやいやながらもイエズスを有罪、死刑にしてしまうのである。

つまり、ユダヤ人の間での裁判では、イエズスは宗教犯罪を行なったとされた。ところが、ピラトの前では政治犯に一転してしまうのである。

こうして、イエズスはあと二人の犯罪者とともに十字架刑に処せられることになる。だから、イエズスの十字架には「ユダヤ人の王」という罪状書きがつけられたのだ。

ところで、当時のローマ領地で一般的な死刑に用いられる十字架には、T字形と十字架形のものがあり、イエズスらはこの十字架形のほうで処刑されたとされている。十字架刑は、想像よりも残酷なものである。

両手と両足の上から釘で十字架に打ちつけ、脚の骨は砕いておく。脚の骨があると、受刑者が身体を支えやすくなるからである。よって、十字架にかかった人間は腕の力だけで常に自分の体重を支えなければならない。横隔膜《おうかくまく》を動かして呼吸をするために、腕で胴体をもち上げるようにする必要がある。ところが、そうするほどに苦痛が増していく。やがてはその力さえなくなり、ついに呼吸ができなくなって窒息死《ちっそくし》するのである。

イエズスは昼すぎに十字架につけられ、午後三時に死亡したと伝えられている。救世主ではないかと疑われていたこの男は、物理的にユダヤ民族全体をローマから解放することなく死んだのである。

磔刑《たっけい》にされるイエズス
（ディエゴ・ベラスケス）

イエズスの遺体は、岩を掘って造った一般的なユダヤ方式の墓の中に納められた。そして三日後に母マリアを含む女たちが墓に行ってみると、墓の入口をふさいでいた大きな石がどけられてあり、イエズスの遺体はどこにもなかった。

キリスト教のもっとも重要な教えとは?

十字架での「最期の言葉」の真相

十字架にかけられたイエズスが息を引きとる間際の情景は、新約聖書の中に次のように描かれている。

「正午になったとき、全地は暗くなり、三時まで続いた。そして三時頃に、イエズスは大声で『エロイ、エロイ、レマ、サバクタニ』と叫ばれた。それは、『わが神、わが神、どうしてわたしをお見捨てになったのですか』という意味である」(「マルコによる福音書」第15章)

これを、イエズスの人間的な悲痛の叫びだと説明している本が少なくない。神を常に信頼していた彼が、最期にはついに弱音を少しもらしたというわけだ。
ここを読んだだけでは確かにそのような印象を受けるが、それは誤解である。というのも、「わが神、わが神、どうしてわたしをお見捨てになったのですか」は聖書（旧約）の「詩篇」第二二篇からの引用で、イエズスはこの一行だけでなく、続く詩文をも声に出したからである。

どうしてそういうことがわかるかというと、新約聖書では、旧約聖書からの引用は、いちいち全文を記さずに目印になる文章を記すだけであとは省略するという記載方法をとっているからである。
つまりイエズスは、十字架にかかりながら「詩篇」第二二篇の冒頭から「詩篇」第三一篇の途中の「私は、み手に魂をゆだねる」までを言ってから息絶えたのだった。このことがわかると、弱音を吐いたのではなく、最後まで神を信頼していたのだと解釈されることになる。

さて、イエズスが十字架刑で死んですべてが終わったわけではなかった。むしろ、イエズスが死んだことによって、キリスト教が始まったのである。それはもはやユダヤ人だけの神を告げるものではなく、あらゆる人間にとっての神の存在を告げるものだった。

人間の「愛」とは何か

ユダヤ教の中から生まれたはずのイエズスの教えと行ないがいかに特異なものであったか、どうして民族を超えた普遍性をもつことができたか、説明しておかなければならない。

というのも、キリスト教ではイエズス・キリストを信じなければ本当には救われない、洗礼を受けなければ本当のクリスチャンではない、などと誤解されているからである。

では、幼児洗礼を受け、週に一度教会に通っていれば、不正を働き、殺人を犯してもイエズス・キリストの愛の教えにつながっているのであろうか。有名な映画『ゴッドファーザー』のマフィアの幹部らは、部下に殺人を命じておきながら、自分の子供の洗礼に立ち会っているのである。

キリスト教の形式を習慣にすることと、真のクリスチャンであることとは別なのだ。まさにその習慣と信仰を混同してしまったのが、イエズス出現前のユダヤ教徒だった。律法の解釈を重ねに重ね、日常のあらゆる瞬間までをわずらわしいほどに細かい規則で縛ってしまったのである。

その規則をすべて守れる人間は信仰に篤《あつ》く、守れない人間は神から見放された罪人だと差別されるわけである。すると、知性と強い意志の持ち主しか信仰の篤い人間ではいられなくなってしまうわけである。そして形式を重視するあまり、心のあり方を忘れてしまっていたのだった。

また、多くのユダヤ教徒にとって、神は自分たちのために何かいいことをしてくれる存在となっていた。

神はユダヤ人のためにいつか救世主を送ってくれ、国土と力をプレゼントしてくれるはずだった。そのためにこそ、ユダヤ人は律法を守らねばならないのだった。これは一種のギブアンドテイクであり、取引の態度である。

とはいえ、イエズスは、これまでのユダヤ教にまったくない新しい教えを説いたわけではなかった。また、律法を完全に否定したのでもなかった。ユダヤ人が知っている神の律法の中心にあるものは愛であり、愛なくしては神の国はないということを、あらためて強調して告げたのであった。

そのことにすでに気づきかけている律法学者もいた。それが「マルコによる福音書」の第10章他に描かれている。ある律法学者が、永遠の生命をいただくためには何をすべきかと聞くと、イエズスはあなたは律法（聖書のこと）に何が書いてあると思うのかと聞き返す。すると、律法学者はこう答える。

「律法には、『心を尽くし、精神を尽くし、力を尽くし、思いを尽くして、あなたの神である主を愛せよ。また、隣人をあなた自身のように愛せよ』とあります」

すると、イエズスはこう言う。

「あなたの答えは正しい。それを実行しなさい。そうすれば、生きるであろう」

つまり、隣人愛がすでに聖書（旧約）に書かれていたのである。

「レビ記」第19章では、次のように書かれている。

「復讐《ふくしゅう》するな。あなたの同国民に対してうらみを含まず、あなたに近いものを、自分と同じく愛せよ。私は主である」

この「隣人愛」という言葉は、残念ながら今では言い古され、現代人には何の新鮮さも与えない。いや、そのように見えるだけであり、感じられるだけなのだ、ということにさえ気づかない。わたしたちも、昔のユダヤ人と同じように鈍くなっているだけなのである。

序章でも触れているとおり、「隣人愛」とは、自分以外のすべての人を自分自身のように愛することである。

あるいは、愛について現代人は、個々人が勝手に解釈しながら納得している可能性も高い。たとえば、自己の欲得、欲望、執着、性衝動などを愛と呼んでみたりしている。それは映画やテレビで描かれている「愛のようなもの」を見れば一目瞭然《いちもくりょうぜん》である。

そこでは、対象が美しいから、かわいいから、若いから、才能があるから、いい人だからというように〝愛するための条件〟が必ず含まれているのである。

「天国」はいったい、どこにある？

では、愛とはいったい何なのか。実は、愛を一般的に定義することは不可能なのである。定義するためには論拠がなければならないのだが、その論拠がみあたらないのである。

けれども、イエズスが述べて実践した愛については説明が可能である。それは、無償の広大無辺な愛である。自分を侮辱する者、自分を苦しめる者、自分を殺しに来る者までをも無条件に愛する態度なのだ。それほどの愛を示したとき、神の国はその場所、その関係において実現されるというのだ。

神の国はしばしば天国とも表現される。たとえば、「ルカによる福音書」では神の国となっているが、「マタイによる福音書」では天国となっている。

神の国といおうと、天国といおうと、どこかに物理的に存在するような場所ではない。国と表現してしまうと、自然の地形や国境でへだてられた一地域を想像してしまう。ところが、この原語となったギリシア語の「バシレイア」は〝支配〟という意味をもつ。つまり、神の国も天国も〝神の支配〟という意味を含んだうえで表現されていることがわかる。

よって、「この幼な子のようにならなければ、誰も神の国に入ることはできない」という有名な一節の真意は、幼児のようにただ相手を信じ愛することしか知らないような態度にならなければ、そこには神の支配は実現しない、ということになる。

人間が互いに無条件で愛しあうとき、そこがもう神の国なのである。相手を信頼して揺るがないとき、そこに神の国がすでに到来している。なぜならば、神の別名は愛（「ヨハネの手紙」第4章）だからである。

愛と信頼が一瞬にして生じるときも、その場はまさに神の国となり、楽園となる。

イエズスとともに十字架にはりつけにされた二人の強盗のうちの一人が「イエズスさま、あなたが王権をもって再び来られるときには、どうかわたしを思い出してくれ」と言ったとき、イエズスは即座に「あなたはきょう、わたしとともに楽園にいる」と返答するのである。

どんな神を信じていても救われる

ただ、先にも述べたように、イエズスは「キリスト教に入らなければ神の国は到来しない」と条件づけたのではない。イエズスが特異であるのは、外的条件の強要をしなかったことである。

当時のユダヤ人の宗教関係者は、自分たちは神に選ばれた民であるという自負をもっていたが、その一方でユダヤ教の宣教もおこたってはいなかった。そこには自分たちユダヤ教徒の仲間を増やし、いつかローマ帝国に対抗して独立しようという目論見もあった。

イエズスもまた愛の教えを説いて回ったが、ユダヤ教徒から見ればフヌケのような感じであったろう。ユダヤ人社会からは罪人とされ、救世主の到来をさまたげている原因とされているような人間ばかりを相手にしていたからである。

しかも、ユダヤの宗教者のように相手に改宗を強く迫ることもなかった。宗教が異なっていても、どんな神を信じていようとも、その人の生き方に愛があればそれでいいのだとしたのだった。

このことを明瞭に語っている箇所があるので、そのままで引用してみよう。

「……すると、彼（律法学者）は自分の立場を弁明しようと思って、イエズスに『わたくしの隣人とはだれですか』と言った。イエズスはこれに答えて、次のように仰せになった。

「善きサマリア人」（レンブラント）

『ある人がエルサレムからエリコに下っていく途中、強盗に襲われた。彼らはその人の着物をはぎ取り、打ちのめし、半殺しにしたまま行ってしまった。

すると、一人の祭司がたまたまその道を下って来たが、その人を見て、道の向こう側を通って行った。

また、同じく、一人のレビびとが、そこを通りかかったが、その人を見ると、レビびとも道の向こう側を通って行った。

ところが、旅をしていたあるサマリア人が、その人のそばまで来て、その人を見て哀れに思い、近寄って、傷口に油とぶどう酒を注ぎ、包帯をしてやった。それから、自分のろばに乗せて宿屋に連れて行き、介抱した。

その翌日、サマリア人はデナリ（銀貨）二枚を取り出して、宿屋の主人に渡し、〔この人を介抱してください。費用がもっとかかったら、帰ってきたときに支払います〕と言った。

さて、あなたはこの三人のうち、だれが、強盗に襲われた人に対して、隣人としてふるまったと思うか』

律法の専門家が、『あわれみをほどこした人です』と言うと、イエズスは、『では、あなたも行って、同じようにしなさい』と仰せになった」（「ルカによる福音書」第10章）

「憎むべき人をも、愛せよ」――イエズスの教えの核心とは？

新約聖書に残されたイエズスのこういうたとえ話は、あまりにも幼稚に思われるかもしれない。他人にも親切にしなさいという教訓しか、ここには見出せないように思われるかもしれない。現代人の見て見ぬふりをも指摘しているようにも思われるかもしれない。すっと読んで、簡単に理解できる。だから、それ以上を突っ込んでいかない。聖書などこの程度の道徳集にすぎないと判断してしまいやすい。しかし、ちょっと歴史的に突っ込んでみただけで、すごいことが書いてあるのに気づくことになる。

ポイントは、隣人愛のたとえ話の中にわざわざ「サマリア人」を登場させたことである。サマリアは元のイスラエル王国の首都ではあるが、イエズスの時代にそこに住んでいるサマリア人は、純粋なユダヤ人ではない。アッシリアに滅ぼされて連行され、アッシリア人と血の混じった後にサマリアに戻って住んだ民であった。

王国が北と南に分裂したときから互いに憎悪しあうようになり、ユダヤ人はサマリア人と殺戮《さつりく》しあうこともあった。特にサマリア人が、イェルサレムにユダヤ人が建設した神殿の神聖さを認めなかったために、その憎悪は長く続いていた。交際することすらなかった。

そのうえに、サマリア人らはアブラハム以来の神を信じながら、雑婚でもたらされた異教の神々をも信じていたために、ユダヤ人からは侮蔑の対象となっていたのだった。つまり、ユダヤ人にとってサマリア人は、因縁の深い敵だったのである。

そういう背景があったために、この律法学者は「隣人としてふるまったのはサマリア人です」ではなく、「あわれみをほどこした人です」としか言えなかったわけである。

イエズスはすると、「では、あなたも行って、同じようにしなさい」とうながす。しかし、この律法学者はそうしたであろうか。そうできるのならば、「隣人としてふるまったのはサマリア人です」と素直に言うことができたはずだと推測される。それほど、サマリア人に対する憎悪と敵対心が深かったのだ。

イエズスがたんに他人への親切を強調するのだったら、たとえ話にサマリア人を用いる必要はない。とすると、ここでは明確な言葉にしてはいないものの、憎むべき敵をも愛せよということを強く要求しているのだとわかる。

ここにおいて、イエズスの愛の教えは民族という枠を超えた、普遍的な教えであることが明らかになっていくのである。こういう広大無辺な愛の教えは、かつてなかったものだった。

あるいはこうも言い換えられる。ユダヤ人たちはそういう愛の教えを、これまで聖書の中心として見出せなかったのである。

しかし、「敵をも愛する」と言葉にするのは簡単だが、人間が現実において実行できるものなのか。自分の親を殺した者、自分の娘を暴行して殺した者さえも愛しなさいと命じるのである。

イエズスの要求はさらに過激である。神が善人にも悪人にもひとしく雨を降らせるように、人間もまた誰彼の区別なく愛しなさいと言うのである。さらには、神のように完全な者になりなさいとまで言うのである。

このように書いてもなお、遠い国に住むわたしたち日本人には切実な感じをもって迫ってくることはないだろう。では、こんなふうに考えてみてほしい。

自分が今住んでいる町の川向こうに、憎むべき人間どもが住んでいる。彼らはわたしたちの祖父母や親を殺した張本人でありながら裁判にかけられることもなく、罰も受けずにのうのうと暮らしている。しかも、わたしたちの税金をふんだんに使って、何不自由なく暮らしているのである。

そういう状況にあっても、その川向こうの人間たちが困っているときはすぐに助けてやりなさい、とイエズスは言っているようなものである。

ちょっと助けてやるのではない。こちらに余裕があるときに、人道的立場から経済的援助をしてやるのでもない。かえって自分が困窮に耐えなければならないほどの援助をしてあげなさいと言うのだ。もし憎むべき川向こうの人間が火事に遭って、今にも燃えつきて倒れてきそうな柱の下にいたら、自分の身体で燃える柱を支えて自分の命を失う覚悟をせよ、とまでイエズスは言っているのである。

これが新約聖書の核心であり、キリスト教の核心なのだ。そしてまた、ユダヤ教と一線を画するところでもある。

ところで、人間がいかにしてそれほどの愛の力をもてるようになるのかは、福音書の次の「使徒の働き」（一般的に「使徒行伝《しとぎょうでん》」と呼ぶ）に描かれている。

イエズスの教えが広まっていったのは、イエズスの弟子あるいは使徒と呼ばれた人々が積極的に伝道したからであった。彼らがどのように伝道したのか、どのように苦難を乗り越えてイエズスの教えを広めたのかがこの「使徒行伝」に描かれている。

これはまるで一編の壮大な活劇を見ているようで、おそらく新約聖書の中でももっともおもしろく読めるものだろう。

コラム

聖書が禁じている食物

古代ヘブライ人たちが何を食べていいのか、何を食べてはいけないのかは、旧約聖書の「レビ記」第11章に細かく記載されている。たとえば動物だったら、牛のように「ひずめの分かれたもの、すなわち、ひずめのまったく切れたもの、反芻《はんすう》するものはみな食べてもよい」とされる。

こういう表現を用いたのは、教養のない人間でも簡単に見分けられるためであった。この例でいえば、牛は食べてもいいが、豚は〝ひずめが切れているが、反芻しない〟ので食べてはいけない動物である。

たんに食べてはいけないのではなく、「その肉を食べてはいけないし、その屍体《したい》に触れてもいけない。これらはすべて、あなたたちにとって不潔である」と強調されている。もちろん、魚類、虫、鳥に関しても、何が食べていいものか、何が不潔であるかがこと細かに記載されている。

これら食物禁忌には、現代から見た科学的根拠がないわけではない。なぜなら、高温の気候の中で腐りやすい動物の肉を禁じているからである。その他に、病気の感染、寄生虫の媒介、中毒の危険性などを考えて食用を禁止していると考えられる。

もちろん、この食物禁忌についてはまったく別の理由も考えられている。カトリックのフランシスコ会はこう述べている。

「豚がユダヤ人にとって特に汚らわしいものとされた理由は、それが異教の祭式に用いられたからかもしれない」

フェデリコ・バルバロは自分で訳した聖書の注釈において、動物のいくつかの種類はエジプトやアッシリアの神々とつながっていたからではないかと推測している。つまり、他国人が神と関係すると信じている動物を食べたりすると、他国人から責められたり、場合によっては紛争に発展する危惧があったというわけだ。

現代アメリカの認知心理学者スティーブン・ピンカーは食物規定について、心理的動機の観点から次のように考えている。

「どんな集団でも、若く、貧しく権利を奪われているメンバーは、ほかの集団に走る可能性がある。権力のあるメンバー、なかでも親はとくに、彼らをとどまらせることに関心がある。世界中どこでも、人は食事をともにすることで結びつきをもつ。ポトラッチも宴会もビジネス・ランチもデートもそうだ。私があなたとともに食べることができなければ、私はあなたの友だちになれない。

食べ物のタブーは、しばしば近隣部族の好物を禁じる。…（中略）…このことは、食べ物のタブーが、離脱する可能性のある者をとどめる武器であることを示唆している。…（中略）…禁じられた食べ物は嗜好《しこう》ができあがる感受性期に一度も経験していないので、それだけで十分に、嫌悪感の対象になる。これは敵と親しくなるのを躊躇《ちゅうちょ》させる効果がある」（『心の仕組み』山下篤子訳）

要するにスティーブン・ピンカーは、共同体の食物禁忌によって異教の共同体との間に決定的な一線を画し、安易な交わりを防ぐという戦略があると考えるのである。

聖書の食物規定はこと細かく、たとえば肉類とミルク、あるいはヨーグルトなどの乳製品を合わせて食べることも禁止されている。したがって、現代のユダヤ教徒のキッチンには、肉料理を盛り合わせる食器と乳製品を入れる食器の二種類が用意されている。聖書のこのような食物規定を現代世界で表向きだけでも守っているのはユダヤ教徒とイスラム教徒である。

古代ヘブライ人は、先祖代々それほどきびしい食物規定をあたりまえのこととして生活してきた。それをかんがみれば、イエズスが何を食べてもかまわないと人々に言ったことが、伝統の食事に忠実であることが信仰の証明でもあったユダヤ人たちにどれほど大きなショックを与えたかうかがい知れるというものだろう。

第4章　『新約聖書』の世界

――キリスト教はなぜ迫害され、なぜ発展したのか？

十二使徒とはどんな人々だったのか？

小心で卑怯者だった十二人の男たち

さて、イエズスは人々にあざけられたあげく、十字架上で刑死した。ガリラヤのナザレから来たこのイエズスという男のこういう歴史的事実を述べているのは、キリスト教関係の文献ばかりではない。当時の歴史家も記しているし、ユダヤ教のタルムード（口伝文書）にも記されている。

では、安息日に罪人に治療をほどこして当時の世間を騒がせた男がようやく死んで、ユダヤ人社会は穏やかになったのだろうか。

だが、実際に起こったことはまるで逆であった。生前のイエズスについて歩いていた卑怯《ひきょう》な十数人の男が急に人格変化をおこして、イエズスの復活と神の愛を説きだし

「最後の晩餐」に描かれたイエズスと十二使徒
(レオナルド・ダ・ヴィンチ)

たのである。

今ここに書いた卑怯な男たちとは、のちにいわゆる使徒と呼ばれる十二人の男たちのことである。

彼らがもともと人格的に立派ではなかったこと、むしろ小心で卑怯な面があったこと、イエズスの教えをしっかりと理解していなかったことなどは、新約聖書にハッキリと描かれている。

弟子たちはイエズスのことを旧来的な意味での救世主だと思っていた。そしてやがては、イエズスがユダヤ人たちの王になるのだと思い込んでいた。だから、イエズスが自分の刑死を予感しながらイェルサレムに向かう途中で、弟子たちの中の二人は、王国が実現したら自分たちを高い位置にひきたててくれと願うのである。

このことを聞いて他の十人は憤慨する。彼らにもまた、そういう気持ちがどこかにあったからだ。

イエズスはこのとき、みんなに次のようなことを言う。

「あなたたちのうちで偉くなりたい者は、かえってみんなのしもべとなり、また、あなたたちのうちで頭《かしら》になりたい者は、みんなの奴隷となりなさい。人の子が来たのも、仕えられるためではなく、仕えるためであり、また多くの人のあがないとして、自分の命を与えるためである」


こういうふうにイエズスは重要なことを述べたのであるが、十二人の男たちは少しも悟らなかったようである。イエズスの言ったことの本当の意味を知るのは、彼が死んでからのことである。

この十二人の使徒は、イエズスが祈っているときに疲れて眠ってしまうだらしなさもあった。

さらには裏切りまでする。それは、イエズスが衆議会で深夜の裁判を受けているときのことだった。

イエズス・キリストの12人の弟子

ペトロ	イエズスの一番弟子になった元漁師で、十二使徒のリーダー的存在。のちの初代ローマ教皇。
ヤコブ	ガリラヤ湖の漁師の息子。激しい性格で、弟のヨハネと共に「雷の子」と呼ばれる。使徒の中の最初の殉教者。
ヨハネ	ヤコブの弟。十二使徒の中でいちばん若く、イエズスにいちばんかわいがられたとも。天寿をまっとうした。
アンデレ	ペトロの弟。元漁師。のちにX字型の十字架で処刑される。
トマス	疑い深く、イエズスの復活をその目で見て、自分の手でさわるまでは信じなかった。
シモン	熱心党の一員。強情な性格で、過激な行動をとることがあった。
マタイ	いやしい職業とみなされていた元徴税人。のちの福音書記者。
小ヤコブ	イエズスの従兄弟ともいわれる。「小」がつくのは、上記のヤコブより弟子になる時期が遅かったからとも、年が若かったからともいわれる。初代イェルサレム司教。
タダイ	熱心党のシモンと共に伝道した。ペルシアで殉教。
フィリポ	古くからの弟子の一人。異教の神であった竜を退治し、死者をよみがえらせたりした。
バルトロマイ	のちに皮剝の刑で殉教したとされる。
ユダ	十二使徒たちの会計係。銀貨30枚（現代の価値に換算するとおよそ30～50万円相当）でイエズスをユダヤの祭司長たちに売り渡した。

ペトロという弟子は、こっそりと衆議会の下の中庭に入り、何食わぬ顔で火にあたっている。すると、大祭司の下女の一人が来て、「あなたはあのナザレのイエズスといっしょにいた男ではないのか」と尋ねる。「いや、知らない。何のことだかわからない」とペトロは答える。

イエズスに関わりがあると知られたら自分の身が危ないので、ペトロはこっそりと玄関のほうへと回る。すると、先ほどの下女が、彼はイエズスの仲間の一人だと騒ぎ出す。それでもペトロは頑強に否定する。やがてまた別の人から「おまえは確かに彼の仲間だ」と言われる。するとペトロは、嘘をついたら神の罰を受けてもいいとまで言ってから、イエズスなど知らないと否定するのである。

「イエズスの復活」は本当にあったか？

これほどに卑怯な弟子たちであったが、イエズスは死後に復活して弟子たちや他の人々の前に姿を現わして言葉を与えたり、朝の挨拶をしたり、いっしょに朝食をとったりする。

埋葬されたはずなのに墓穴にイエズスの遺体はなく、イエズスは復活してからさまざまな人々に姿を見せ、それから天に昇ったと新約聖書の福音書には書かれている。

本当にそうだったのかもしれないし、残された人々がそれぞれに幻覚を見たのかもしれない。あるいはまた、キリスト教として世界に広まることの象徴として、イエズスが復活したと記されたのかもしれない。そういういろいろな解釈がなされてはいるものの、イエズスの実際の復活を信じるのが、正統的キリスト教徒である。

いずれにしても、次のイエズスの生前の言葉は、深い意味をもっている。


「もし一粒の麦が地に落ちて死ななければ、それは一粒のままである。しかし、死ねば、豊かな実を結ぶ」（「ヨハネによる福音書」第12章）

ちなみにこの言葉は、カトリックでは、イエズス自身とイエズスを信じる者に適用されると解釈されている。そこにあるのは、自分が犠牲となる覚悟のある深い愛である。

「ヨハネによる福音書」によれば、弟子のトマスは自分の目でイエズスを見なければ復活など信じないという人であった。彼は「わたしはその手に釘の跡を見、自分の指をその釘の跡に入れてみなければ、決して信じない」と言うのである。手の釘の跡というのは、イエズスが十字架につけられた跡という意味である。するとそれから八日目に弟子たちが家の中にいるときに、イエズスが突然のように彼らの中央に立った。そしてトマスに向かい、自分の指をここにもってきて釘の跡をしらべてみろと言うのであった。

そこまで言われて、トマスはようやくイエズスの復活を感動をもって信じるのである。そんなトマスに復活したイエズスはこう言う。

「あなたは、わたしを見たから信じたのか。見ないで信じる人たちは幸いである」

この姿勢はイエズス本来のものであり、これから連綿と続くキリスト教の姿勢でもある。奇跡や不思議なことを目にせずとも神の存在を信じるという姿勢である。

さて、「ヨハネによる福音書」には「あとがき」が付してある。その後半は次のとおりである。

「……イエズスの行なわれたことは、このほかにもたくさんある。その一つ一つを書き記すなら、世界さえも、その書かれた本を収めきれないであろうと、わたしは思う」

これは実際にイエズスに会っていた著者にとって、あながち大げさな表現ではなかったように思われるのである。

「聖霊」とは?――イエズスの死後、十二使徒に起こったこと

ところで、イエズスの死後のことに戻らねばならない。

理解力もすぐれておらず、人格的にも立派ではなかった弟子たちの人間性が急変するのは、彼らが聖霊を受けてからであった。聖霊とは神からの霊である。これを絵に表現するときは、もっぱら炎の舌や鳩の形で描かれてきた。エル・グレコが描いた「聖霊降臨」の絵では、炎の舌が各人の頭の上で燃えているように表現されている。

その聖霊が弟子たちにくだされる前に、イエズスは自分が復活して生きていることをいろいろな証拠で示したという。「使徒行伝」によれば、イエズスは四十日にわたって弟子たちの前に現われて、神の国について話したというのだ。

そのときにイエズスは、「父の約束を待ちなさい」と言う。父の約束とは神の約束

のことであり、それはすでに聖書（旧約）の「イザヤ書」第44章、「ヨエル書」第3章、「エゼキエル書」第11章に次のように預言されている。

「私の霊を、あなたの子孫に、私の祝福を、あなたの子らに、そそごう」

そしてこれをイエズスは、聖霊による洗礼だと言うのだった。このときでもまだ弟子たちはほとんど理解できず、「イスラエルのために国を再興するのはそのときなのか」と質問したりしている。

しかし、かまわずイエズスは、聖霊がくだったらあなた方は力を受けて、今後は地の果てまで自分の証人となるだろうと言い置くのである。

そして、ユダヤ教の大きな祭日、弟子たちが集まっているところに不思議な現象が起きた。

「そのとき突然、激しい風が吹いて来るような音が天から聞こえ、彼らが座っていた家じゅうに響き渡り、炎のような舌が現れ、分かれておのおのの上にとどまった。すると、みんな聖霊に満たされ、聖霊が語らせるままに、さまざまな他国の言葉で語り始めた」

すると、あれほど卑怯だったペトロさえ、聖霊のおかげで人格の変容を起こし、イエズスが救世主であることを力強く語り始めるのである。

神からの霊が炎の舌のようなものとして人々の頭上に描かれる。
「聖霊降臨」（エル・グレコ）

そしてもう一つ、重要な新しい事柄をペトロは述べる。それは、聖霊がくだるのはユダヤ人にばかりではない、外国の人々にも聖霊はくだるということであった。

なぜ、ペトロはキリスト教の拡大を予見するようなことを突然にして言い出したのか。聖霊がペトロにくだり、聖霊によって知恵が開き、「イザヤ書」の第57章に記されていたことの意味を突然に悟ったからであった。そこには、「神は遠い人にも近い人にも平和を置く」と書かれている。その遠い人とは、離散して外国に住むユダヤ人のことではなく、ユダヤ教を知らない外国の人々を指すと知ったのであった。

これは、いかにもこれから宣教伝道をするためのこじつけのように思われるかもしれない。

しかし、イエズスがユダヤ社会から差別された外国人や罪人と呼ばれるような人ばかりに目を向けたことや、異教を信じている人でも愛があればかまわないとしていたことを考えれば、こじつけの理由とは考えられなくなる。聖霊によって、弟子たちはイエズスと同じ次元の、深い愛に満ちたのだと考えられるだろう。

『聖書』に描かれた"神と人間"

『聖書』の存在理由がここにあった!

十二使徒は聖霊が降臨したときに、ユダヤ教が従来もっていた民族的な限界を突破したのであった。神に選ばれたのはユダヤ人ばかりではない、すべての人々が神に選ばれて神の愛である聖霊を注がれる、神の国はもう来ている、というイエズスがくり返してきた言葉の意味がここにあった。

さらに特筆すべきは、人々に向かって放つ、ペトロの次の言葉だろう。

「この曲がった時代から救われなさい」(「使徒行伝」第2章)

曲がった時代とはペトロが生きていた時代とともに、愛が不足しているあらゆる時代を指す。もちろん、現代まで指摘されることになる。愛のようなものではなく、現実の愛がなければ、誰も救われないのである。

しかし、救われるとはどういうことだろうか。「救い」という言葉をわたしたちは安易に用いているが、よく考えてみると、この言葉の真の意味を知らない。

ヘブライ語の「救い」という言葉も、宗教的な意味ばかりではなく、危険な状態からの救助や救出という意味を基本にもっている。この「救い」に含まれるのは、治癒、保護、解放、贖《あがな》いなどであり、救いの結果として生命が保たれ、平和が生じる。

だから、ヘブライ人たちがエジプトでの奴隷状態から解放されるのは、確かに「救い」だったのである。そして再びユダヤ人たちは救世主による救いを渇望していたのである。他国支配からの救いは神から来ることを、彼らは聖書を通じて知っていた。また、自分たちが不信であれば、罪を犯していれば、神からの救いが遅れることをも知っていた。

イエズスがその短い活躍期間に行なったことは、すべてこの「救い」と呼ばれるもの範疇《はんちゅう》に含まれるものだった。今しがた並べ立てた治癒、保護、解放、贖いをイエズスは現実にしたのである。それなのに、ユダヤ人はイエズスの言行が「救い」であったことに気づかなかったのだ。というのも、民族の救い、実力的な政治行動といった大規模な救いが今に現われると思い込んでいたからであった。

その救いが早く訪れるようにと、彼らは律法を厳守するように努め、律法を守れないような人々を排除していた。しかし、それこそが救いに遠ざかる原因をつくる、罪そのものであったのだ。そして、そういう罪に赦《ゆる》しを与えるためにイエズスは現われたのであった。

ここで、聖書において何を罪としているのかわからなければ、聖書で述べられていることもわかりにくくなるし、「救い」についても「愛」についてもわからなくなる。聖書はわかりにくい哲学原理を述べている書ではない。人間の現実と救いにいたる道について述べている書である。そして、聖書の存在理由は「人間の罪を赦すため」なのである。

よって、イエズスの死後の使徒らの行動を歴史的に述べる前に、罪について述べておかなければならない。そのためには、聖書の最初の扉をどうしても開く必要が出てくる。これまで触れずにきた、アダムとエバの楽園追放の話にさかのぼらなければならないのである。

アダムとエバの「失楽園」物語が示す〝罪〟とは?

アダムとエバは罪を犯して楽園を追われた。これがいわゆる「失楽園」である。聖書の最初のほうに描かれているこの物語を、簡単なダイジェストで読んだことがある人、聞いて知っている人も少なくないだろう。

アダムとエバはどんな罪を犯したのか。禁断とされていた知恵の木の実をとって食べたのだという。だから、神の怒りを買って楽園から追い出された。だいたいこのように、安易に説明されてしまう場合が多い。

そしてアダムとエバのこのような失楽園物語は、古代に創作されたたんなる神話やファンタジーにすぎないとかたづけられているようである。それが実は別の意味をもっていて、アダムとエバはまさにわれわれ自身のことであるとは、なかなか気がつかない。

では、聖書の失楽園物語はどういう意味を隠しもっているのだろうか。とりあえずは、その話が載っている「創世記」の第2章と第3章を粗描してみよう。

神はエデンの東のほうに園(楽園という意味)をつくり、そこに人間を置き、食べておいしい各種の木と、生命の木と善悪の知識の木を生えさせた。そして、善悪の知識の木の実だけは食べてはならないと言い置いたのである。「それを食べたら、死なねばならなくなるから」と。

しかし、アダムとエバは蛇にだまされて、その木の実を食べてしまう。

「すると、二人の目がひらかれ、裸だととさとったので、

アダム(左)とエバ(右)
(アルブレヒト・デューラー)

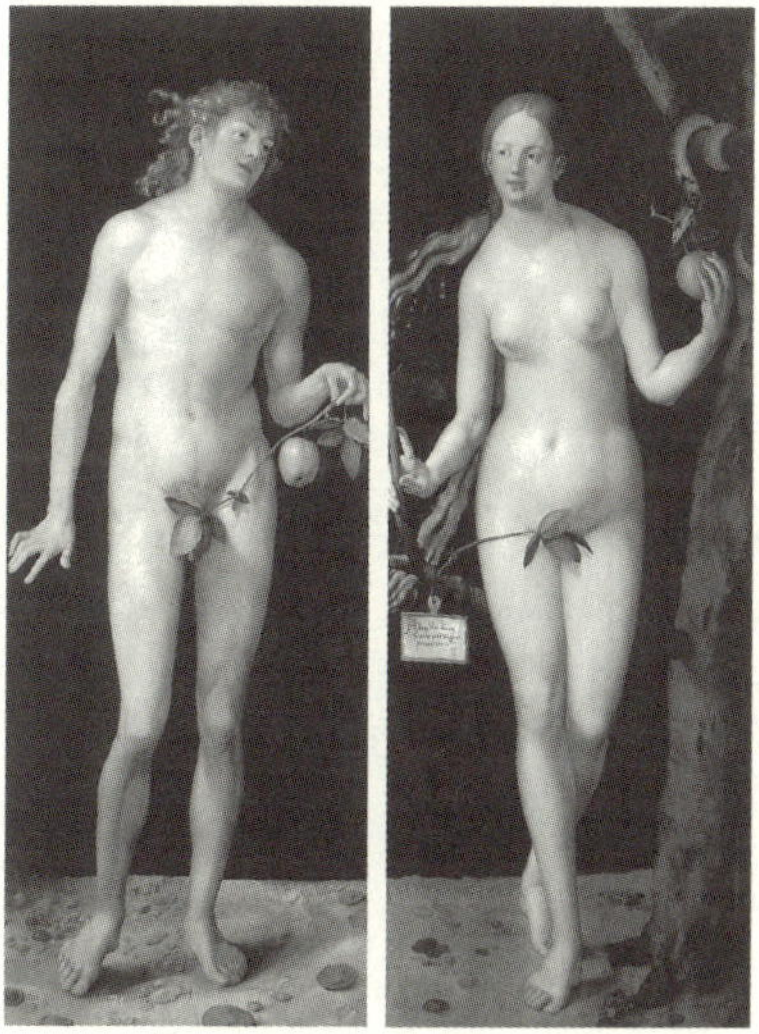

いちじくの葉をぬい合わせ、腰帯にした」

二人は裸を恥ずかしく思い、神の足音を聞いたときに木々の中に隠れてしまう。神は事の次第を男に尋ね、女に尋ねる。そして蛇がそそのかした張本人であることを知って蛇をのろい、アダムとエバには皮衣を着せて楽園から追い出してしまったのである。

このときに犯した罪は盗みではない。自分の判断で善悪を決めようとしたことであった。それまでの二人は、善悪の決定を含めたあらゆることの決定は、神に任せたままであった。しかし、今度は神に代わって自分で判断しようとしたのである。これは、神への従順からの逃走であり、信頼の拒否だったのだ。人間は神とのこれまでの絆をみずから破壊してしまったのである。

そこまで解釈するのは深読みというものだろうか。「エバはたんに蛇にだまされてしまった」ですませるのが妥当というものだろうか。

確かに、蛇はエバに「その実を食べても死ぬことなどない。それどころか、あなた方の目がひらき、善悪を知って、神のようになることを神は知っているのだ」とだました。

しかし、なぜこのときになって、エバは急に蛇の言うことを信じたのであろうか。

これまで、神と人間は深い信頼関係の絆で結ばれていた。神は完全な存在であり、人間はただ神から与えられるばかりであった。一度たりとも疑うことはなかった。ところが、蛇のそそのかしによって、エバは神に対して疑いの心をもったのであった。「神はこれまで、わたしたちに嘘をついていたのではないか」と。

エバのこのときの心理は、明らかに混乱している。なぜならば、神は完全なる存在であるゆえに「その実を食べれば死ぬことになる」という嘘などをつくような存在ではないからだ。嘘をつくのなら、もはや神は、嘘をつくという行為によって神ではないことになってしまうのだ。

かつまた、もし神が嘘をついていたとしたらどうだろうか。

食べても本当は死なない実であるのに、死ぬことになるという嘘をついていたとしたらどうだろうか。

神は善悪の知識を盗まれることにおびえる程度の存在だったということになる。しかも同時に、人間を完全には愛していないという証拠にもなるのだ。

神にはふさわしくないその矛盾にエバは気がつかないどころか、神は自分たちを完全に愛していないのではないか、だから嘘をついていたのではないかという方向へと心を傾け、濁らせるのである。

さらには、この善悪の知識さえもてば、自分たちは神と同等になれるという妄想を抱く。このときにはすでに、自分たちが神によって造られた被造物であることを忘れてしまっている。それは、まさしく人間の傲慢さの芽生えであった。

善悪の知識とは、何が善であるか、何が悪であるかを決める権能のことである。これは神に属する権能であり、それを手に入れることは神の主権の一つを侵すことだった。

そして、エバはついに木の実を食べる。男に差し出すと、男も食べた。すると目がひらき、自分たちが裸であると知って腰を隠す。

この「目がひらいた」という意味は、木の実を食べても自分たちが神のようにはならなかった状態を知り、かつ、すべてが恵まれていた状態を今や失ってしまったのだということを知ったということなのである。

しかも、今は裸でいることが恥ずかしいと思うようになった。かつては裸でいることは恥ずかしいことではなかったのに。この羞恥心《しゅうちしん》は、生まれてきた情欲を隠すために必要な感情である。

かつてはこのように、自分の存在の形を恥じるという感情などなかった。

神が造った形を恥じる。これは、神の愛から離反したという罪の、明々白々な結果だったのだ。

アダムとエバは神から罪を指摘される前に、罪を犯したということを知っていた。だから、神の足音を聞いたときに、彼らは木々の中に隠れたのであった。こうして、人間の犯した罪は、神との愛に満ちた信頼の交わりを絶つ引き金となったのである。

神が尋ねても、二人は罪を打ち明けずに責任転嫁をする。男は女のせいにし、女は蛇のせいにしたのである。

それほど人間が卑怯《ひきょう》であっても、神は人間をのろわずに蛇をのろうのであった。そして、女に対しては陣痛の苦しみをおおいに増やすと言う。男に対しては、男の罪のゆえに土をのろい、これからひたいに汗をして糧《かて》を得なければならないことを告げるのである。

人間に与えられた「生きる苦しみ」と「死」

こうして、アダムとエバは楽園から追放された。

神が支配する楽園から離れるということは、人間は死ななければならないということをも意味していた。なぜならば、もはや神の楽園に生えている生命の木に近づく手立てがなくなったからであった。

このようにして、人間の死は決定的になったのである。

罪は、神から人間を遠ざけた。また、永遠の命からも遠ざけた。それだけではない。罪は人間同士の間にも分裂を生じさせるものである。すでに見たように、罪を犯したとたん、アダムとエバが連帯責任を逃れようとしていることからも、この分裂はあきらかである。互いに一つとなれなくなるのである。

ここで、罪とはどういうものであるのか、おさらいをしてみよう。

- 罪とは、神に対する不信と疑いである。
- 罪とは、神に対する不従順である。

- 罪とは、神の権能への侵犯である。
- 罪とは、傲慢である。
- 罪とは、自由意思の不正使用である。
- 罪とは総じて、愛の欠如である。
- 罪は良心の呵責《かしやく》によって自覚できる。
- 罪によって人間は生命の木から遠ざかり、死ななければならなくなった。
- 罪によって女は産みの苦しみを味わい、男は働かなければならない。
- 罪によって人間は神から遠ざかることになる。

つまり、聖書の「創世記」のはじめにおいて、人間がいかにして神から遠ざかってしまったのかが描かれているわけである。だが、そこにあるのは罪の悲劇だけではない。やがて神が人間のために救い主を送ることが、象徴的に描かれてもいるのである。

それは、蛇に対して放つ、次のような神の言葉である。ここで「おまえ」と表現されているのは蛇のことであり、また蛇に象徴された悪のことである。

「おまえと女の間に、また、おまえの子孫と女の子孫との間に私は敵対（恨み）を置こう。
彼はおまえの頭を踏み砕き、おまえは彼のかかとを噛むであろう」

女の子孫とはこれから代々生まれてくる人間であり、その人間たちが悪に敵対するのである。悪に敵対するのは多くの善人である。そして、悪である蛇の頭を最後に踏み砕くであろう「彼」とは、救い主のことである。蛇は、せいぜい救い主のかかとを噛んで、小さな傷をつけることしかできないのだ。

要するに、この節において、神は、いつの日か悪が敗退する日が来ることを予知しているわけなのである。それは人間がこの最初に犯した罪からまぬかれ、神と和解する日が来るということである。

ただ、このわかりにくい救いの予知をアダムとエバがこのときに理解していたのかどうかは、「創世記」には書かれていない。しかし、神がのろったのは蛇に象徴される悪だけである。人間には生きる苦しみを増加させて与えたものの、のろいも罰をも与えていないことには注意しなければならない。

よって、悪をなしたために感じる人間の絶え間ない苦痛は、神からの罰ではないことになる。その苦痛は、罪、すなわち神との愛ある関係から、いよいよ遠ざかってしまったのだという、根源的な悲しみなのである。言い換えれば、神罰はありえない。罰のように感じられるものは罰そのものではなく、絶対の愛から離れてしまったことの悲しみなのだ。

だから、「救い」は罪の解除という意味をもつようになる。「救い」は罪からの解放、神との親しい関係への復帰であり、神による保護のうちに戻ることなのである。「救い」において、人間は遠ざかっていた生命の木、永遠の生命に近づくのである。

そのきっかけとなるのが、悪の頭を踏み砕く救世主イエズス・キリストを信じるかどうかなのだ。

だが、キリスト教側では確信をもってそのように考え教えるものの、ユダヤ教ではイエズスを救世主と考えることは決してない。ここに両者の最大の相違点があり、今なおそれは続いているのである。

「使徒行伝」——どうすれば「愛の力」をもてるのか

使徒たちが起こした〝奇跡〟と〝愛〟

ペトロを含めた使徒たちは、聖霊を受けてからというもの、聖書に書かれ、今まで理解できなかった事柄の意味を理解するようになる。そして、そこかしこでイェルサレムの住民に、十字架で死んだイエズスがキリスト（救世主）であることを勇敢に述べ伝えるようになった。その言葉を受け入れた者はみな聖霊を受けた。

また、イエズスと同じように、使徒たちは、病人や障害者を治癒して歩いた。ただで治してくれるのだから、多くの貧しい人々が集まった。その様子は「使徒行伝」のあちらこちらに描かれている。次の引用は第5章からのものだ。

「民は彼らを称賛するばかりでなく、ますます多くの男や女が主を信じて仲間に加わった。ついには、病人を大通りに運び出し、寝台や寝床に寝かせて、ペトロが通りかかるとき、せめてその影なりとも、だれかにかかるようにとしたほどであった。また、イェルサレム付近の町々からも、多くの人が、病人や汚れた霊に悩まされている人などを連れて集まって来たが、彼らは皆いやされた」

まさに奇跡のオンパレードというしかない。

使徒らは現代的にいえば、いわゆる超能力者のように見える。しかし、彼らはこの力は自分のものでもないし、信心から来るわざでもないと明言するのだ。ペトロは不思議がる人々に向かってこう言う。

「……このイエズスのみ名が、そのみ名を信じる信仰ゆえに、あなたがたが、今見ており知っているこの人を、強くしたのです。イエズスによるこの信仰が、あなたがた一同の前で、この人を完全に癒したのです」

ここには「信仰」と書かれているが、使徒たちが病人に何らかの文書を渡したりして特別な信仰教育をしたわけではなかった。だいいち、文字を読めない人も多くいたのである。

では、彼らの言う信仰とは何だったのか。

それは現代人が考えるよりも、はるかに単純なものだろう。告げられたことをたんに信じてしまうこと。あのイエズスという男は人間を救うために十字架で死んだのだ、神の大いなる愛を見せつけるために死んだのだ、そして聖霊という神の愛を与えてくれたのだ、ということを単純に信じてしまうことでしかない。そうか、わたしは愛されていたのだと気づき、その愛を信じてしまうことでしかない。

信仰とは、愛に向けられた疑いのない心なのである。

少なくとも聖書の中では、愛とは何らかの概念ではない。愛という表現で語られているものは、完全なる信頼であり、信頼からの行ないであり、アダムとエバの物語で象徴されるように、各々の人生の中でいつしか自分の自由意思で離れてしまった生命の木なのである。

もちろん、そのようなくだくだしいことを使徒らが無学な人々に対して説明することはなかったろう。ただ彼らは行動で愛を示した。病人を、障害者を、差別されている人を愛したのである。その愛に人々はこんな自分でも神に愛されているという確信を得、心から癒されたのであろう。

科学の時代といわれている現代でも、人は病気や不運に見舞われると、「どうしてこんな目に遭わなければならないのか」と、人生的な因果や、倫理的な事柄に思いをはせる。そして、神を本気で信じていない者さえ、病気や不運に関してはこういう質問をするのだ。

「神が全能であるというのなら、なぜに多くの病人や障害者を治さずにいるのだろう」

これに対するキリスト教的な答えは、次のようなものである。

「それは、病気や障害によって、そこに神の愛のわざが現われるためである」

これは、何らかの要因によって病気や身体が不自由になることで、本人が世界を新たに見直す契機になるという意味ばかりではない。誰かが病気になる。すると、その人を世話しようとする人が出てくる。周囲の人間が普段より優しく接するようになる。元気づけようと努めてくれる。何とかして、その生命を保つようにと配慮する。これらいっさいが愛の発露だということだ。

病気になったことで、生命の危険に陥っていることで、その人は周囲の人からほとんど強制的に愛を汲《く》み出すのである。この場合、利得から生まれた愛のようなものなど長続きしない。本当の愛こそが、その人が回復して本来の生命あふれる身体に戻るまで惜しみなく注がれる。

「ヨハネの手紙」の第4章にこのようにある。

「わたしたちは互いに愛しあわなければならない。いまだかつて神を見た者はいない。しかし、わたしたちが互いに愛しあうならば、神はわたしたちにとどまり、神の愛はわたしたちの中で完全なものとなるのだ」

だから、悪や苦しみが生じるのは愛の薄い場、愛の欠けている場においてなのである。この世にある悪や苦しみを解決するのは、経済でも制度でも医療や科学の発達でもない、ただ愛のみなのである。

紀元三〇年頃のイェルサレムにいた病人や障害者に対して、使徒たちはたぶん不思議な力を発揮したこともあるのだろう。それと同時に、彼らが病む人、苦しむ人、悩む人、飢える人に愛を発したのは、ほとんど疑いのないことだった。

かつてイエズスがこの世でしたように、これまで誰も触れたがらなかった重い皮膚病患者の手を握って抱きしめ、やさしい言葉をかけられたことのない被差別者に眼差しを注いで声をかけ、自分は神に罰せられたと思い込んでいる者に「赦された」という宣言をしたのであった。だから、身体的に治されることはなくても多くの人は「癒された」のである。

それがまさに、曲がった世からの「救い」、神の事実上の救いであった。

使徒たちはしかし、イエズスの教えはユダヤ教の最高到達点と考えていたために、ユダヤ教の戒律を捨てたのではなかった。

ところが、使徒たちは神殿の守衛長とサドカイ派らに逮捕されてしまうのである。その理由は、使徒たちがイエズスの復活と死者の復活を述べ伝えていたからであった。どうしてそんな理由で逮捕することになるのか。それにはまず、当時のユダヤ教の一派サドカイ派について説明しなければならないだろう。

サドカイ派はすでに説明したように現実主義者であり、身体の復活、霊や天使の存在、神の摂理などを否定する立場であった。そのうえ、裁判においてもっとも厳しい一派でもあった。

使徒たちがイェルサレムで伝道を始めたとき、このサドカイ派の大祭司が最高法院の長だったのだ。だから、復活があるということを喧伝《けんでん》していたペトロたち使徒を逮捕して留置場に入れたのである。だが、夜に天使が現われて牢の戸を開き、彼らを解放したのだった。

この物理的にも不思議な事態を認め、サドカイ派の連中は当惑してペトロたちの処分に困ってしまった。そうしているうちに復活や霊を信じるパリサイ派の有名な律法学者にさとされて、しばらく様子を見ることになった。

だからといって、既成のユダヤ教と使徒たちの教えとのへだたりが埋まったわけではない。一触即発の危機が迫っていた。

最初の殉教者ステファノ——キリスト教の迫害と発展の始まり

使徒たちの中でもペトロをはじめとする数人は、ユダヤ教徒との軋轢《あつれき》や衝突をできるだけ避けようとしていた。この数人は、イエズスの教えはユダヤ教につながる最終の教えだと思っていたのだ。

しかし別の数人は、ユダヤ教には批判的な考えをもっていた。これは、ギリシア語を話すユダヤ人たちだった。

ギリシア語を話すユダヤ人は「ヘレニスト」と呼ばれ、血統的にはユダヤ人でありながらギリシアの文化、言語、習慣にそって生活しており、進歩的な性格をもっていた。「ヘブライスト」と呼ばれるヘブライ語を話すユダヤ人とは一線を画していた。

このヘレニストたちは、ユダ王国が崩壊してから周辺諸国に離散してしまったユダヤ人の子孫であり、宗教的に重要な祭などのときに、しばしばイェルサレムに帰っていた人々である。

中でもステファノという男は、イエズスの愛の教えについての理解力が抜群であったが、性格に大胆な面があり、自分たちはユダヤ教の神殿と絶縁すべきではないかという考えをもっていた。それどころか、ユダヤ教の会堂に来ていた各国のユダヤ人たちと激しく議論まで交わす男であった。

そういう行動にユダヤ教の長老や律法学者が黙っているわけはなかった。サクラをやとって証人とさせ、ステファノを襲って強引に衆議会に連れて行った。もちろん、大祭司の前でもステファノは臆《おく》することなく堂々と意見を述べた。

ちなみに、このときに述べるステファノの話は手っ取り早く聖書をわかろうとする人の役に立つものだ。なぜなら、旧約聖書のもっとも短いダイジェストとなっているからだ。それは新約聖書「使徒行伝」の第7章に載っているが、本書の読者のためにその部分を197頁に転載引用しておくので参考にしてほしい。

さて衆議会に引き出されたステファノは、大祭司の前でも動じることなく、アブラハム以来のユダヤ人の歴史をとうとうと述べ立てた。そこまではいい。ところが、さらにはユダヤ教徒を怒らせることを言ったのである。

それはまず、神殿のことである。ステファノは、神は人の手で建てた家には住まないと言った。さらには、「あなたたちの先祖が迫害しなかった預言者が、一人でもあったでしょうか」と言い、「あなたたちはみ使いを通して律法を受けましたが、それを守ったことがありません」とまで言ったのである。

預言者というのは、霊感で神の言葉を人々に伝える人のことである。預言者はユダヤ教の聖職階級に属していないフリーの立場であった。だから、ときには辛辣《しんらつ》なことも言えたのだった。

預言者がもっとも活躍するのは、ユダヤ人の間に不信仰や争い、逸脱が多く見られた時代で、預言者たちはいつも神に立ち返るよう忠告していたのであった。

とにかく、十字架で刑死したイエズスを信じる男にこれだけ鋭いことを堂々と述べられては、衆議会に出席していたユダヤ教徒が怒り心頭に発しないわけがなかった。彼らは理性を失い、それぞれ上着を脱ぎ捨ててステファノに襲いかかると、町の外に連れ出して大勢で石を投げつけたのである。

石で打ちつけられて殉教したステファノ

このとき、強靭《きょうじん》な意志で律法を守り抜いてきた、生え抜きのユダヤ人サウロも皆の上着の番人として立ち会っていた。このサウロという男は、のちに「パウロ」と呼ばれてキリスト教に転向する重要人物である。

ステファノは石を投げつけられて激痛の中で死のうとしていたにもかかわらず、その顔は穏やかで

平安に満ち、ずっと祈っていた。そして最後に、

「主よ、どうぞ、この罪を彼らに負わせないでください」

と大声で叫んで死んだ。このステファノがキリスト教最初の殉教者であり、この殺人がキリスト教に対する最初の迫害となった。

ステファノが殺されたその日のうちに、イエズスを信じる者たちに対する大迫害が、イェルサレムで起きた。ステファノがギリシア語を話すユダヤ人だったことから、特にヘレニストたちが迫害されたらしい。

サウロという男もイエズスを信じる者たちの集会所を荒らしまわり、男といわず女といわず牢に送り込んだ。投獄をまぬかれたヘレニストの信者たちは、イェルサレムから地方へと逃げなければならなかった。

しかし、こうしてヘレニストの信者らの多くが地方に逃げたからこそ、イェルサレム以外でイエズス・キリストの教えが急速に広まったのでもあった。

まずはあの因縁の宿敵であったサマリアでキリストの教えが広まり、エチオピアの高官が洗礼を受けた。それからフェニキア、キプロス、アンティオキアへとイエズス

キリスト教の発展

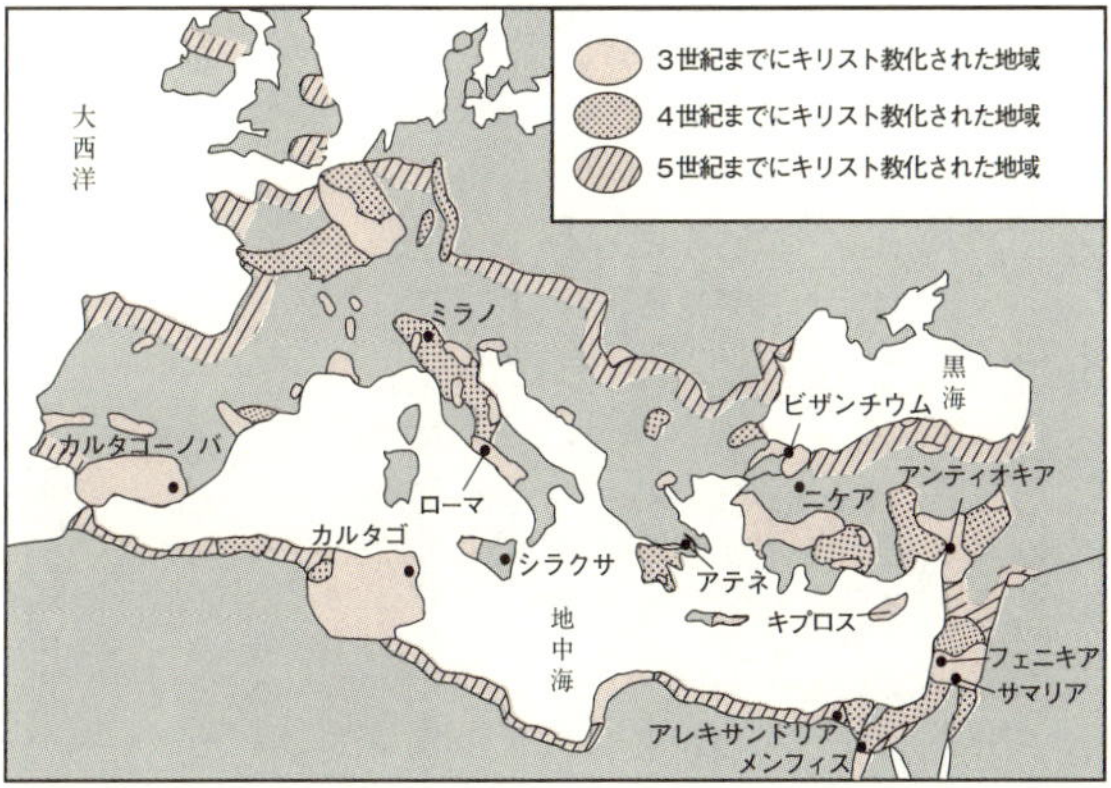

の教えが伝わっていった。
　そのうちでもアンティオキアはローマの属州であるシリアの首都であったが、ここが数世紀にわたるキリスト教の中心地になった（現在はトルコ領で、「アンタキヤ」と呼ばれている）。ユダヤ教から生まれたキリスト教が、異邦の地で、まず花開いたのである。
　これはキリスト教が世界へと伝播《でんぱ》されていく兆《きざ》しでもあった。

「パウロの改宗」――迫害の急先鋒パウロはなぜ劇的な回心をしたか？

新約聖書に記されている回心でもっとも劇的なのは、パウロの回心であろう。パウロとは、先に触れたようにステファノが石で惨殺《ざんさつ》されるのを見ていたサウロのことである。

サウロは、イエズスを信じる者は男女を問わず引き立てていいという大祭司からの許可状を手に、追跡の旅を続けていた。つまり彼は、イエズスを信じる人々が恐れてやまない執拗な迫害者であったわけだ。

サウロの一行がダマスコの近くまで来たときに、突然にして天から光がふってきて彼を包んだ。サウロはたまらずに馬から地の上に倒れた。このときの情景を描いたカラヴァッジョの「パウロの改宗」という絵は有名である。

光がふってきたばかりではない。声があった。この声は、同行していた者にも聞こえた。

「サウロ、サウロ、なぜわたしを迫害するのか。わたしはおまえが迫害しているイエズスである。さあ、立って町に入りなさい。これからなすべきことが告げられるであろう」

サウロは起き上がったものの、目はひらいていても三日間にわたって何も見えなかった。このとき、ダマスコにイエズスの弟子の一人アナニアがいて、幻の中でイエズスから命じられて、サウロが宿泊している家に行く。そしてサウロの目をもとに戻してから、洗礼を受けさせた。すると、数日間にしてサウロはイエズスのことを諸会堂で力強く述べる伝道者となったのであった。

「パウロの改宗」(カラヴァッジョ)

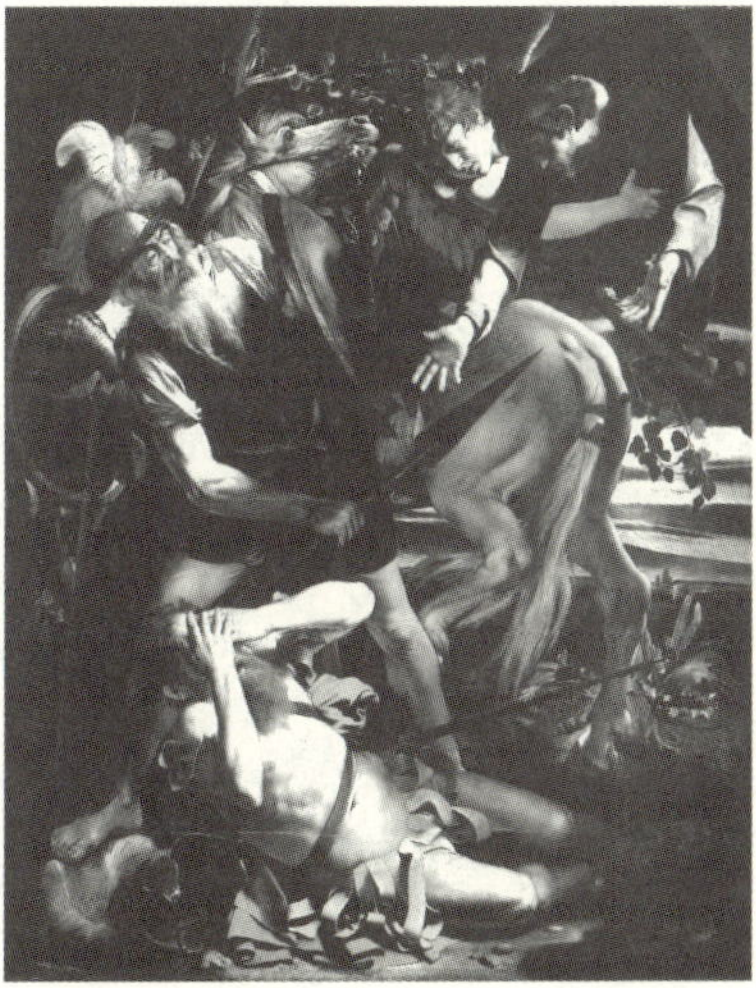

このサウロの劇的な回心はしかし突然ではなかったかもしれない。

サウロはすでに述べたように、律法に忠実に生きるガチガチのユダヤ教徒であった。しかし、彼は自分の心は律法にそおうとしているのにもかかわらず、肉体がついていかないということに密かに悩んでいたのだった。また、いくら律法に忠実であっても、心が安らかにならないことにもいらだっていた。

当時の彼のそういう気持ちの一部が、一般に「ロマ書」と呼ばれている有名な「ローマ人への手紙」の第7章に吐露されている。省略を加えて紹介してみよう。

「わたしは自分の行なっていることがわからない。自分が望んでいることをせず、かえって自分が憎んでいることをしているからだ。自分の望まないことをしているのならば、わたしは律法に同意して、律法をよいものと認めていることになる。

……わたしは、自分の中に善が住んでいないことを知っている。善いことをしようという意志はあるけれど、実際の行ないがともなわない。そして、自分の望む善いことをせずに、望んでいない悪いことをしているのだ。そうであるならば、その悪いことを行なっているのはもはやわたし自身ではない。わたしのうちに住んでいる罪なのだ。

……わたしはなんとみじめな人間か。……わたし自身は理性では神の律法に仕え、『肉』では罪の原理に仕えているのだ」

そんなサウロが目のあたりにしたのが、ステファノの凄絶《せいぜつ》な殉教であった。ステファノはイエズスという罪人を信じ、あれほど残虐な石打ちの刑を受けていたのに、少しも顔をゆがませることなく、ひどく穏やかな顔のまま祈り、最後は自分を殺す者の赦しを神に乞いながら息を引きとったのであった。

そういう姿を見て、サウロは不思議に思いながらも、内心穏やかでなかったのだろう。ステファノの平安と自分の内心の不安とを比較していたろう。

しかし、イエズスを信じる者を迫害することで何とか抑制してきたその気持ちが、ダマスコへの途上で一気に破裂したのだと想像することもできる。その破裂の激しさを表現するために、このような劇的な情景が描かれたのかもしれない。

あるいはまた、本当にこのようなことがあったのかもしれない。なぜならば、彼は「復活したイエズスに出会った」と何度も話しているからである。

いずれにせよ、迫害の急先鋒であったサウロが回心した事実は変わらないのである。サウロはのちに、「ガラテヤ人への手紙」でこう書いている。

「わたしはキリストとともに十字架につけられている。生きているのは、もはやわたしではない。キリストこそ、わたしの内に生きている」

サウロはやがてパウロと名を変え、異邦人宣教の雄となって活躍する。また、キリスト教神学の堅い土台となる説教や手紙を後世に残したという意味でも重要人物となっている。

使徒ペトロの心をくつがえした「幻」

ところで使徒たちの間で、異邦人への宣教にとまどいがあったのは明らかだった。特にヘブライ語を話すユダヤ人のとまどいは大きかった。彼らはユダヤ教の残滓《ざんし》を引きずっていたために、異邦人と親しく交わることに抵抗があったのである。ユダヤ人であるペトロもまたそうであった。

しかし、ペトロのそういう心をくつがえす事態が起こった。信者の家の屋上で昼食を待っていたときに、奇妙な幻を見たのである。

それは、天が開け、四隅を吊された敷布のような入れ物がおりてくるという幻だった。その中には、地上のあらゆる四つ足の動物、地上を這《は》う動物、鳥などが入っていた。

すると声がして、これらを食べろと言う。だが、ユダヤ人であるペトロにはコシェーと呼ばれる清浄な食物（145頁参照）しか食べられない。すると、再び声がして、

「神がきよめたものをきよくないなどと言ってはならない」

と言うのであった。

この幻の意味はすぐにはわからなかったが、やがて理解する機会が訪れる。ローマ人の軍人コルネリウスに会って、話す必要にせまられるのだ。ユダヤ人にとってローマ人は、異邦人であること、パレスチナの支配者であることで二重の意味で不浄の者だった。

だが、ローマ人コルネリウスと話をしているうちに、神はどんな人間をも差別していないことを悟る。そして驚くべきことに、ペトロの目の前でローマ人コルネリウスにも聖霊が注がれるのを見た。

こうしてペトロは、神が幻の中で言った言葉「神がきよめたものをきよくないなどと言ってはならない」の真意を悟る。つまり、「先入観を捨て、差別なく異邦人にも愛の教えを伝えなければならない」という意味なのであった。

「クリスチャン」の誕生とパウロの伝道旅行

さて、パウロ（サウロ）がイェルサレムで他の信者らと宣教をするのは危険だった。以前にはあれほど堅く律法を守っていた男が、今はユダヤ教を裏切ってイエズスのことを信じているというので、ユダヤ教徒たちから殺される恐れがあった。

だから、パウロは地中海世界で三番目に大きい都市アンティオキアを中心にもっぱら異邦人に宣教する役を担った。

ちなみに、このシリアの首都アンティオキアにおいて世界ではじめて「キリスト者（クリスチャン）」という名称が生まれたのである。

しかし、「キリストに帰属する者」という意味の「クリスティアノス」という名称は悪口であった。なぜなら、彼らはゼウスに代表されるようなギリシア・ローマの神々を信じないために、キリスト者という名称には、「神々を信じない者」、すなわち「無神論者」という侮蔑のニュアンスが濃くあったからなのだ。

こういう名称が生まれたということは、もはやユダヤ教の一派だと勘違いされる

パウロの伝道旅行

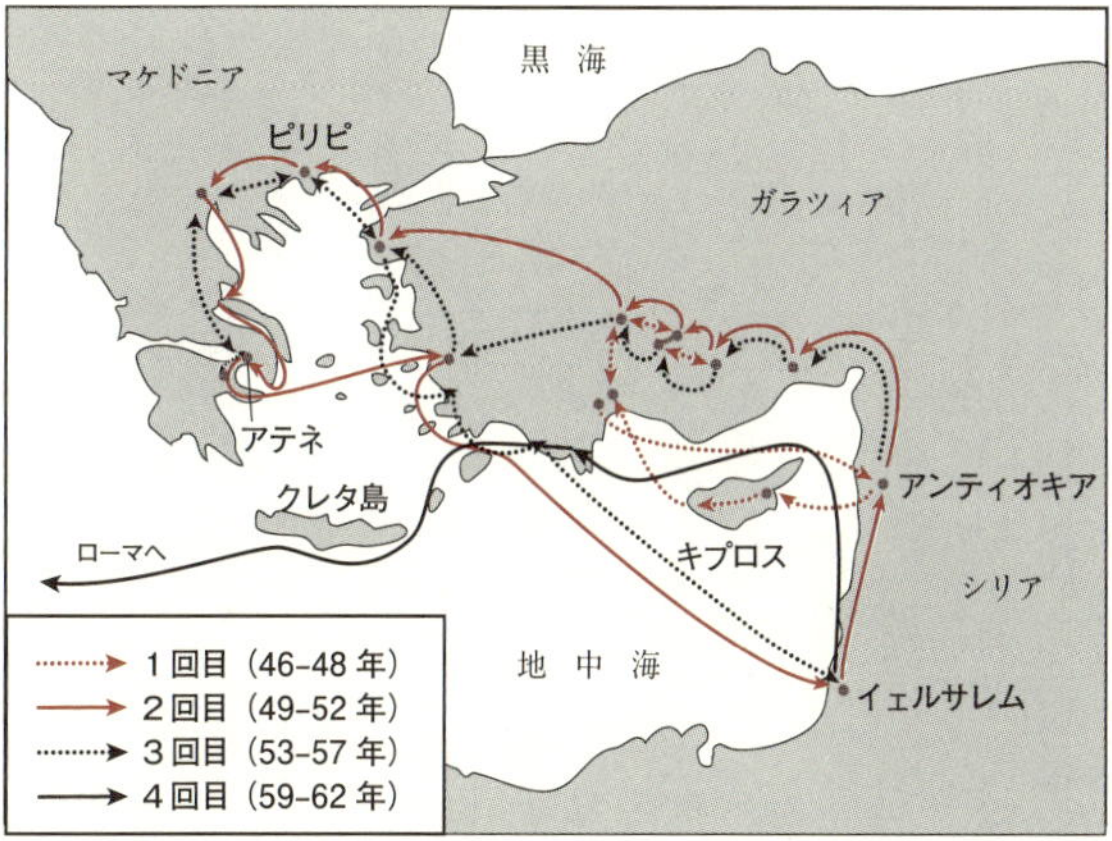

こともないほどにイエズスの教えの独自性が鮮明になり、ユダヤ教とはまったく別のものと見られ始めたことをも意味している。キリスト者という名称を栄誉ある名としてみずから用いるようになったのは、紀元一〇〇年以降のことである。

パウロはアンティオキアにとどまって異邦人に宣教したばかりではない。地中海沿岸のトルコ中西部、ギリシアの諸都市を旅して宣教し、地中海を渡りローマまで足を運んでいる。生涯に計四回の伝道旅行を行なったとされているが、その旅程は少なくとも四〇〇〇キロメートル以上に及ぶ。旅はいつも苦難に満ちており、石を投げられたり死んだ者として町の外に投げ捨てられることもあった。

また、アテネではパウロがイエズスの復活を高らかに告げると、周囲の人々からあざけり嗤《わら》われるだけだった。アテネは紀元前五〇〇年頃から哲学が栄えてきた場所である。哲学教養のあるアテネ人は、論理はわかるが、論理の及ばない不思議なことについては理解できなかった。

それに、ギリシアでは人が集まるあちこちに、巫女《みこ》によるデルポイの神託で得られた言葉、「グノーティ・サウトン」が骸骨の絵とともに刻まれてあった。これは、「汝《なんじ》自身を知れ」という意味であり、人間は「死すべき者」であると定義されていたのである。それに対応するように、神の定義は「常に存在する者、永遠なる者」であった。

これは、人間の生命などはかないものだというギリシア人の人間観を集約していた。そういう場所では、イエズスの復活はたわごとでしかなかったのだ。

中には、パウロらをギリシア神話に出てくるゼウスではないかと思う者もいたし、パウロの言葉を信じる者もいた。それでもギリシア的教養をぬぐいさることができず、霊魂は不滅ではあるが肉体は決して復活しないという考えから抜け出ることは難しかった。

略歴史と新約聖書各巻のだいたいの執筆時期

[紀元年]

30年代		イエズス十字架刑 ステファノの殉教
40年代		パウロの宣教の旅が始まる イェルサレムで使徒会議
50年代	「テサロニケ人への手紙I」 「ガラテヤ人への手紙」 「コリント人への手紙I・II」 「ピリピ(フィリピ)人への手紙」 「ローマ人への手紙」	ネロがローマ皇帝に就く
60年代	「フィレモン(ピレモン)への手紙」 「エペソ(エフェソ)人への手紙」 「コロサイ人への手紙」 「マルコによる福音書」	ネロによるキリスト教徒迫害 ペトロとパウロがそれぞれローマで殉教 第一次ユダヤ教戦争
70年代		ローマ軍がイェルサレムを陥落 ラビ学校設立 熱心党がマサダで全滅する
80〜100年代	「ルカによる福音書」 「使徒行伝」 「マタイによる福音書」 (一説には50年頃成立とも) 「ヨハネによる福音書」 「ヨハネの黙示録」 「ヨハネの手紙I・II・III」 「テモテへの手紙II」 「テトスへの手紙」 「ヤコブの手紙」 「ペトロの手紙I」 「ユダの手紙」	皇帝ドミティアヌスによるキリスト教徒迫害
120年頃	「ペトロの手紙II」	
200年頃	「ヘブライ人への手紙」	

※「テサロニケ人への手紙II」は、「テサロニケ人への手紙I」が書かれたあとすぐに書かれた説とパウロの死後に書かれた説がある。
※「テモテへの手紙I」の成立時期は諸説ある。

こういう伝道旅行の間に、パウロがさまざまな宗教的問題について各地方の集会に送った手紙は、新約聖書に「ローマ人への手紙」「コリント人への手紙」等々という題をつけられて十四通が収められている。

しかし、現代の聖書学者らはそのうちの七通だけが、つまり「ローマ人への手紙」「コリント人への手紙Ⅰ」「コリント人への手紙Ⅱ」「ガラテヤ人への手紙」「ピリピ人への手紙」「テサロニケ人への手紙Ⅰ」「ピレモンへの手紙」がパウロの手による書だと断定している。

とはいえ、残りの書簡がにせの手紙だというわけではない。パウロに従っていた弟子たちが、パウロだったらこのように述べるだろうとして書き送ったのである。

R・E・ブラウン『聖書についての101の質問と答え』によれば、尊敬していた人物の名で文章を書くことは、当時の社会環境にあってはめずらしいことではなかったのだ。しかし、「ヘブライ人（ヘブル人）への手紙」だけは後代の作とされている。

新約聖書では明らかに述べられていないが、パウロはローマで死んだとされている。彼はローマ市民権をもっていたために、残酷な十字架刑ではなく、首を斬られて死んだと推測されている。

コラム

ステファノによる旧約聖書のダイジェスト（『使徒行伝』よりの抜粋）

先祖アブラハムがハランに住む以前、まだメソポタミアにいたとき、栄光の神が彼に現われ、「あなたの土地、あなたの親族を離れ、わたしが示す地に行け」と言われました。そこで、アブラハムはカルデヤ人の地を出て、ハランに住みました。彼の父の死後、神は彼をハランから、今あなたがたの住んでいるこの地にお移しになりました。神はこの地では、足を置くだけの所さえも遺産として彼にお与えになりませんでした。しかし、そのとき彼には子供がなかったのに、この地を、彼とその子孫に、財産として与えることを約束なさいました。

また、神はこうお語りになりました。「彼の子孫はよその土地に移り住み、四百年の間、奴隷にされ、苦しめられる」と。しかしまた、神はこう仰せになりました。「わたしは、彼らを奴隷にする国に裁きを下す。そして、その後、彼らはそこを去り、この場所でわたしを拝むであろう」と。

また、彼は割礼による契約をアブラハムにお与えになりました。それで、アブラハムにイサクが生まれました。そして八日目にアブラハムはその子に割礼を施しました。それから、イサクはその子ヤコブに、ヤコブは十二人の太祖に割礼を施しました。

太祖たちはヨセフをねたんで、エジプトに売りとばしました。しかし、神はヨセフとともにおられ、あらゆる苦難から彼を救い出し、エジプト王ファラオの気に入るようにし、かつ知恵をお授けになりました。それで、ファラオは彼をエジプトと王室全体を司る宰相に任命しました。

ときに、エジプトとカナン全土にわたってききんが起こり、大きな災難が襲いかかり、われわれの先祖たちは食べ物を何一つ手に入れることができませんでした。ヤコブは、エジプトに食糧があると聞いて、まず初めに、われわれの先祖たちをそこへ遣わしました。二回目のとき、ヨセフは兄弟たちに自分の身の上を明かし、ファラオも彼の家族のことを知るようになりました。そこでヨセフは、使いを出して、父ヤコブと親族全員、合わせて七十五人を呼び寄せました。

こうしてヤコブはエジプトを下っていき、彼も父祖たちもそこで死にました。彼らはシケムに運ばれ、かねてアブラハムがシケムのハモルの子らから、幾らかの金で買っておいた墓に葬られました。

神がアブラハムになされた約束の実現の時が近づくにつれ、民はエジプトでますますふえて多くなりました。そしてそれは、ヨセフのことを知らない別の王が、エジプト王の位につくときまで続きました。この王は、われわれの同胞に対し策略をめぐらし、先祖たちを苦しめ、その乳飲み子を生かしておかないように、捨てさせたほどでした。

モーセが生まれたのは、そのころのことです。彼は神の目にかなった子で、三カ月の間、父の家で育てられました。しかし、そのころ捨てられたのをファラオの娘が拾いあげて、自分の子として育てました。モーセはエジプト人のあらゆる学問を授けられ、言葉にも行ないにも力がありました。

モーセは四十歳になったとき、その兄弟であるイスラエルの民がどうしているか見に行こうと思い立ちました。ときに、兄弟の一人が虐待されているのを見て、これをかばい、助けに行き、そのエジプト人を打ち殺して、乱暴されている兄弟の仕返しをしました。モーセは自分を通じて、神が兄弟たちを救おうとしておられることを、みんなが悟ってくれるものと思っていましたが、彼らは悟りませんでした。

翌日、モーセは兄弟たちがけんかをしているところに出会い、仲直りさせようとして、「友よ、あなたがたは兄弟だ。それなのに、なぜ互いに傷つけ合うのか」と言いました。すると、相手を傷つけていた男が、彼を押しのけて、「だれがおまえを、わたしたちの指導者や裁き手に立てたのか。きのう、エジプト人を殺したように、わたしも殺そうというのか」と言いました。この言葉を聞いたモーセは逃げて、ミデアンの地に身を寄せ、そこで男の子を二人もうけました。

四十年たったとき、シナイ山の荒れ野において、柴の燃える炎の中で、み使いがモーセに現われました。この光景を見てモーセは驚いて、それを見きわめようと近寄ったところ、主の声がしました。「わたしはあなたの先祖の神、アブラハム、イサク、ヤコブの神である」と。

モーセはふるえおののいて、あえて見きわめる勇気もありませんでした。すると、主は仰せになりました。「足のはきものを脱げ。あなたの立っている所は聖なる地である。わたしはエジプトにいるわたしの民の苦しみをつぶさに見た。また、その嘆きも聞いた。それで、彼らを救い出すために下って来た。さあ、行け。あなたをエジプトに遣わす」と。

「だれがおまえを指導者や裁き手に立てたのか」と言って人々が拒んだこのモーセを、神は、柴の中で現われたみ使いの手によって、指導者とし、あがない手としてお遣わしになったのです。

この人が同胞を導き出して、エジプトの地でも、紅海でも、また四十年間荒れ野でも、不思議なこととしるしを行なったのです。この人が、イスラエルの民に、「神はあなたがたのために、あなたがたの兄弟の中から、わたしのような一人の預言者を起こす」と言ったモーセです。この人が荒れ野の集会において、シナイ山で彼に語ったみ使いや、わたしたちの先祖とともにいて、わたしたちに伝えるためのいのちのことばを授かったのです。

しかしわたしたちの先祖は、この人に従おうとはせず、かえって彼を退け、エジプトに思いをはせて、アロンに言いました。「わたしたちの先頭に立つ神々を造ってください。エジプトの地からわたしたちを導き出したあの人モーセは、どうなったのかわかりませんから」。

彼らが子牛の像を造ったのは、このころでした。そしてこの偶像にいけにえをささげ、自分らの手で造ったこの物を祭って楽しんだのです。それで、神は彼らに背を向け、天体を礼拝するままにお任せになりました。預言者たちの書に記されているとおりです。

「イスラエルの家よ、荒れ野にいた四十年の間、あなたがたは、いけにえと供え物とを、わたしにささげたことがあったか。
あなたがたは、モレクの幕屋、
あなたがたの神なるレファンの星をかつぎ回った。
それらは、拝むために、あなたがたが造った像にすぎない。
それゆえ、わたしはあなたがたをバビロンのかなたに移す」

わたしたちの先祖には、荒れ野に証しの幕屋がありました。それは見たままの型に従って造れと、モーセに語ったかたの命令どおりに造られたものです。この幕屋を受け継いだわれわれの先祖は、ヨシュアの指導のもとに、神が彼らの前から追い散らした異邦人の占有していた領土に、それを運び入れたものです。そして、それはダビデの時代まで、ここにありました。

ダビデは神の恵みをいただき、ヤコブの家のためにおん住まいを建てる許しを願い求めましたが、その神の家を建てたのは、ソロモンでした。しかし、いと高き者は、人の手で建てた家にお住みになりません。預言者の語っているとおりです。

「主は仰せられる。

天はわたしの玉座、
地はわたしの足台である。
あなたがたは、わたしのために
どのような家を建てようとするのか。
わたしのいこいの場所はどこか。
わたしの手が、これらのものを皆造ったのではないか」

なぜキリスト教は迫害を乗り越え拡大したか？

増え続けるキリスト者たちが抱えた〝大きなジレンマ〟とは？

使徒たちの果敢で積極的な伝道のおかげで、キリスト者は地中海世界のユダヤ人にも異邦人にも増えていったが、やがて紀元四八年頃になると、切実な問題がもち上がってきた。

異邦人にもユダヤ教徒と同じように割礼（性器の包皮を切除すること）をほどこすべきか、モーゼの律法を守らせるべきか、などという問題である。イエズスの復活と愛の教えを信じるのはいいが、実際生活はどうすべきかということである。

こういう問題が起こったのは、ユダヤ教徒出身の信者たちは、異邦人に近づくことも、いっしょに食卓につくことも忌避する傾向があったからだ。

このままにしておくと、集会がいつも二つに分かれてしまうことになる。しかし、アンティオキアの集会では、ユダヤ人信者と異邦人信者が共に食事をしていた。だが、それをイェルサレム出身のユダヤ人信者が見ると、モーゼが与えてくれた律法への違反としか映らないのである。

割礼も同じである。さらにはもっと細かな問題があった。義母と同居していいのか。未婚の信者はどう扱えばいいのか。異教徒の市場で売られている肉が偶像に供《そな》えられたものであっても、買って食べていいのかどうか。

似たような問題は無数にあったし、実際にそういう事柄で信者同士が衝突して派閥をつくることさえあったのだ。

こういう行動規範の問題に対して、イエズスを実際には見ていないパウロは自由で進歩的なところがあったが、重鎮のペトロは保守的な傾向にあった。モーゼの律法のような行動規範を決めないでおけば、キリスト教徒はいつしかローマ帝国の文化や習俗にまみれて、ついには異教と融合して雲散霧消してしまうのではないかと恐れたのだ。

かといって、異邦にあってもかたくなに律法を守れば、たちまちのうちに居住地での社会生活ができなくなるのは、火を見るよりあきらかだった。

このジレンマについて、全キリスト者の指導的立場にあるイェルサレムの集会で、使徒会議がひらかれた。この場でヤコブが異邦人信者を悩ませないようにと一つの提案を示し、次の四つの事項さえ守ればよしとして決議された。

「偶像に供えたものを食べないこと」「近親結婚をしないこと」「絞め殺しただけで血を抜いていない動物を食べないこと」「血を食べないこと」。そして、この規律を書いた文書が各地方の集会に送られ、ひとまず落着した。

暴君ネロ、キリスト教徒迫害のため、ローマに放火！

これより十数年前、あるいは数年前のことだと推測されるが、ローマ帝国内にわけのわからない教徒が増えつつあるのを、ローマ皇帝クラウディウスはみすみす見過ごしてはいなかった。そして、ローマにあったユダヤ教の会堂で紛争による騒ぎが起こったのをきっかけにして、ユダヤ人追放令を発した。

この段階ではまだキリスト教徒の迫害にはいたっていない。

イェルサレムでは、総督がキリスト教徒の首を斬ったり、大祭司がヤコブを石打ちの刑に処したりしていたが、ローマにおいてキリスト教徒への残虐な迫害が本格的に起こるのは、紀元六四年頃になってからである。暴君として有名なネロ皇帝の時代である。

当時のローマは、「すべての道はローマに通ず」という言葉や、美食と華美な生活のイメージが強いが、そういう生活を支えている経済活動は、強盗にひとしいものだった。

「たとえばネロは、アフリカ州の半分を所有した六人の地主を殺してその土地を全部手に入れたと伝えられるし、カリグラ帝(在位三七~四一)はガリアにいたとき、賭《か》けで負けて手許金をはたいてしまうと、その州の戸口・財産調査簿(ケンスス)をとりよせ、その中から富裕者数人を選んでそれらに死刑を課し、その財産を没収したうえで賭けを続けた、と伝えられる」(弓削達『ローマはなぜ滅んだか』)

ローマ皇帝のこういう悪徳と無謀さは例外ではなかったのだ。ネロ皇帝は、自己中心的な欲得から自分の母親まで殺している。

そういうローマでキリスト教徒への迫害がいよいよ始まるのであるが、ことさらにキリスト教徒が目立った事件を起こしたのが発端だったわけではない。

まず、ローマにいるキリスト教徒がローマでの宗教的な儀式、宗教的な慣習になじまなかったことが、ローマ市民たちの不興を買った。出産、結婚など人生の節目のたびにローマの神々を礼拝しなければならないという生活は、キリスト教徒にとってかなり苦しいものだった。

特にタウロボリウムという儀式はローマ人が盛んに行なった儀式である。これは、犠牲の雄牛を去勢するときに、信者が雄牛の下にうずくまって雄牛からおびただしく流れる血を浴びるというものだった。

農耕神の祭典などはまるまる一週間も続き、大宴会や仮面行列をするばかりではなく、罪人の首を斬っておもしろがる見世物もあった。まさに狂気と貪欲《どんよく》と残忍性と放《ほう》縦《じゅう》が支配する饗宴《きょうえん》が続いたのだった。

一年の半分くらいが祭礼に名を借りたドンチャン騒ぎであるような享楽的な生活に慣れているローマ人から見れば、キリスト教徒は地味でおもしろみに欠け、何を考えているかわからない連中だった。

キリスト教徒が互いに「兄弟」と呼びあうことを知り、ローマ人たちは、彼らが家族制度を破壊して近親相姦《きんしんそうかん》をしていると思い込んだりした。

また、キリスト教徒が聖餐式《せいさんしき》の際に種なしパンを裂き、「これは主イエズスの身体」と言っているのを聞き、ローマ人たちは、キリスト教徒らは人肉を食べていると思った。いや、思ったばかりではなく、それを理由に告発さえしたのだった。

また、キリスト教徒がローマ人にとって気にくわなかったのは、まるで無神論者のように見えたからだった。これといった像もつくらずに、信者が集まってテーブルを囲みパンを裂いて祈っている様子は、とても何か特定の神を信じているようには思われず、ただ奇怪でしかなかった。

というのも、当時の哲学者ユスティノス（一〇五年頃～一六六）述べているように、キリスト教はまったく新しい信仰形態だったからだ。

ギリシア文化から多くの影響を受けていたローマ人は、抽象的なものはすべて目に見える形にして神とする傾向があった。たとえば、「ヒュプノス」は睡眠のことであるが、これを耳のあたりから少したれた翼を生やしたブロンズ像にしているのである。

古代の人間にとっては、偶像そのものが神だとされていたのである。

モーゼに現われた神は「偶像を造るな」と命じたが、これはその意味での偶像を造るなということである。現代では、キリスト像が教会にあるが、これはもはや古代人の意味での偶像ではないことは明らかだ。

また、ローマに住むキリスト教徒の多くが皇帝を礼拝しなかったのも、迫害にいたったローマ側の大きな心理的理由になっている。たかが礼拝といっても、皇帝に頭を下げるといった程度のものではない。皇帝をかたどった像に葡萄酒を捧げて、まさに神に礼拝するようにまじめに祈らなければならないのだった。

神ではないものは礼拝しないというキリスト教徒の毅然とした態度は、体制側の人間の気を悪くしたばかりではなく、一般市民のキリスト教徒への悪評の大きな種となったのだ。

そのようなローマ一般市民の風潮を利用したのが、皇帝ネロであった。ネロは自分でローマに放火し、キリスト教徒のせいで大火事が起きたと公言したのである。

実はネロは、ローマの古い建造物と入り組んだ街路を醜悪と考え火をつけたのだった。そして塔の上に立つと火事を眺め、炎の美しさにうっとりとなったという。この

ネロはキリスト教徒をライオンに喰わせて処刑した
(ジャン=レオン・ジェローム)

大火は六日七晩に及んだ。

ネロによるキリスト教徒の処刑は、むしろ見世物だった。競技場の真ん中にキリスト教徒たちを集め、ライオンに喰《く》わせたのである。ローマ人の観衆はそれを見物して喜んだ。

このやり方は特に珍しくはない。ふだんから、ローマの競技場では剣士同士の戦い、人間と猛獣の戦いなど、必ず誰かが無残に命を落とすような大衆向けの見世物をやっていたのだった。そのために、死なせる罪人をローマ全土から集めて、ストックしておくほどだった。

ネロがやったように、何か災厄が起きたらキリスト教徒のせいにして迫害するという方法は、この後百年以上も続いた。ペストなどの疫病が流行しても、川が氾《はん》濫《らん》しても、キリスト教徒が悪いということで惨殺されたのであった。多くのキリスト教徒は、イエズス・キリストに祈りながら従容《しょうよう》として死んでいった。

奇妙な書物「ヨハネの黙示録《もくしろく》」が書かれた理由

こういう時代に書かれたのが、新約聖書の最後の巻である「黙示録《もくしろく》」であった。紀元九〇年頃に、迫害によってエーゲ海の南にある岩だけの小さなパトモス島（面積約三十四平方キロメートル）に流されていた使徒ヨハネが書いたという。ここは政治犯を幽閉する小島だった。

さて、「黙示録」は一読して奇妙な書物である。たとえば、次のように書かれている。

「さらにわたしは、四つの生きものに囲まれた玉座と長老たちとの間に、ほふられたと見える小羊が立っているのを見た。その小羊には、七つの角と七つの目とがあった。目は全世界に遣わされた、神の七つの霊である」（第5章）

「わたしはまた、もう一頭の獣が地の中から上って来るのを見た。それには小羊のような二本の角があり、竜のようにものを言った。この獣は……像を造ることを地上の人々に命じた。それから、その獣の像に息を吹き込んで、ものを言うことができるようにさえし、また、その像を礼拝しない者をことごとく殺すようにさせた。……ここにそれを解くかぎがある。賢い人は、あの獣の数字を計算しなさい。それは人間の名を指す数字である。その数字は六百六十六である」（第13章）

すでに気づかれたと思うが、これは象徴と寓話で書かれた預言書である。しかも聖書に通じたキリスト教徒しか理解できないように書かれている。

ヨハネがこのような奇妙な書を著した目的は、迫害されているキリスト者を励まし勇気づけることであった。

この書では、いかにイエズス・キリストがこの世に再臨して勝利を得るかを描いているのである。そして、世界を支配しているのは皇帝などではなく、主キリストだということを強調している。つまり、迫害時代のキリスト教徒に慰めを与え奮起を促す書なのである。

表現に多くの寓話を用いているのは、ローマ人などに意味を知らせたくないからである。しかも、すべては自分が見た幻だというふうに、二重に防御を張っているのである。もちろん、現代の日本人がこれを読んでも、すぐには意味がとれない。そこで、先ほど引用したものを簡単に説明してみよう。

「小羊」はイエズス・キリストを指す。キリスト教徒ならば、これは誰でも知っている象徴である。「ほふられた」というのは神に捧げる犠牲として殺されたという意味で、イエズスが十字架にかかって人間の罪の犠牲になったことをいう。

また、これらの表現は旧約聖書の「イザヤ書」にもとづいている。そういうことは、ギリシア・ローマ神話しか知らないローマ人にはまったく理解できないのだ。

「その小羊には、七つの角と七つの目とがあった」とあるが、これを絵にしてしまうとバケモノができあがる。そのようにして、「黙示録」をたぐいまれな神秘な書として扱っておもしろがっている本があるが、信用してはならない。

旧約聖書での用法に照らし合わせれば、角は「力と王権」を表わしているとわかる。七つの目は「全知」を意味する。七つの霊とは「聖霊」のことである。要するに、イエズス・キリストこそ普遍的な力と知恵をもっているのだということを、ここでは述べているのである。

「黙示録」に記された数字の謎

「黙示録」では数字も多用され、それぞれの数字が何を象徴しているのかはキリスト教徒だけがわかるように仕組まれている。

しかし、それほど難しい暗喩になっているわけではない。「黙示録」で使われる数字の意味は217頁の表1のとおりである。

「6」が「不完全」を意味するから、先ほど引用した後者の文の最後にある666は、「不完全」が三つ重なった数字である。「人間の名を指す」とあるけれども、「不完全不完全不完全」という名前ではない。

では、どういう名前を意味する暗号なのか。

日本人にはなじみがないが、ヘブライ語ではそれぞれの子音が数値をもっている。

たとえば、皇帝ネロはヘブライ語では「NRWN QSR」と表記し、ネロ・ケーザルと読む。子音がもっている数値をこの名前にあてはめると表2のようになる。そして、その数値を全部たしてみると、くだんの666の数字が算出されるのである。

よって、神秘の数字666は、キリスト教徒を迫害している皇帝ネロを指すことになる。そうして、もう一度先ほどの文章を読んでみると、皇帝ネロが自分の像を造って礼拝させ、礼拝しない者は殺していた、ということがわかるのである。ホラー映画『オーメン』では666は悪魔の数字だとしているが、考えすぎであろう。

「黙示録」では、その第6章に見るように、使われている色の名称も象徴となっている。白＝勝利・神、赤＝殺戮、黒＝死・偶像崇拝、青白＝死、といった具合である。

こういう技術を使って書かれた「黙示録」に描かれていることは意外と単純である。キリスト教会とキリスト教徒は信仰を守ろうとするが、迫害に遭っている。ローマ皇帝らは次々にキリスト教徒を襲う。しかし、そこにイエズス・キリストが現われて、本当の世界の王として勝利する、というものである。そして、最後はイエズス・キリストが栄光に包まれてこの世に再臨する。

このようにまとめてしまうとみもふたもないが、実際に読んでみると粛然とするし、今まで知らなかった感動をおぼえる書となっている。

黙示録に出てくる数字の意味

表1

7	……完全　完成
6	……不完全（7に1だけたりないから）
4	……世界　全被造物
3.5	……苦悩　試練
12	……ユダヤ人　教会
24	……天の長老たち　満場一致
144	……完成
1000	……多数
144000	……神のしもべの総数

表2

ネロ・ケーザル（皇帝ネロ）＝NRWN　QSR

N	R	W	N	Q	S	R
50	200	6	50	100	60	200

50＋200＋6＋50＋100＋60＋200＝666

ところで、第8章にはこういう文章がある。

「小羊が第七の封印を解いたとき、天ではおよそ半時間ほどの沈黙があった」

遠藤周作の名著『沈黙』のタイトルはおそらくここから採られたと思われる。沈黙はふつうは「手をこまねいていて何もしない」という意味の場合が多いが、この文章での沈黙は逆であり、まさに神がここにいることを示すしるしとなっている。『沈黙』のクライマックスでの沈黙も、神がまったく助けてくれないという意味ではなく、神がここに現存しているという意味で使われているのである。

紀元六四年七月の皇帝ネロによるキリスト教徒迫害から、ローマでの迫害は続いていく。もっともひどい迫害をしたのは、在位八一〜九六年のドミティアヌス帝だったという。「黙示録」はこのときに書かれたものである。

新約聖書は、キリストの勝利と再臨を告げる、この「黙示録」で終わっている。

コラム

パンにこめられた意味

聖書を開いたことのない人でも、「人はパンのみにて生くるにあらず」というフレーズを知っているだろう。これは「マタイによる福音書」第4章に書かれており、そこには「人はパンだけで生きるのではない。神の口から出るすべての言葉によって生きる」とある。

これは、単に経済的な事柄に従事するのが人生ではない、人間を本当に生かすのは食物といった物理的なものではなく、神の愛であるということを述べている。現代人でさえも金持ちになること、競争社会で勝ち続けることを生きがいにしがちなのは、改めて指摘するまでもない。

さて、聖書の中でパンは、命をつなぐ食物の代表として取り上げられているばかりではなく、さまざまな意味がこめられた言葉となっている。

パンを共に食べることは親しく交わることであり、旅人にパンを与えることは歓待することであり、パンを分け与えるのは兄弟愛であり、不義のパンやだまし取ったパンを食べることは罪の自覚を表わしているのだ。

また、「パンがたくさんある」という表現は豊かさを表わすものだった。「ヨハネによる福音書」に見るように、イエズスは自身のことを「天からのパン」「生命のパン」とも言っている。

聖書時代のパンは、小麦からつくるものが最上品であった。貧しい人々はしばしば大麦からつくったパンを食べた。パンを食べるときは、ナイフで切らずに手で裂くのがふつうであり、魚といっしょに食べる。

「ヨハネによる福音書」の第13章で、イエズスが自分を裏切るユダを示す際に「わたしがパンを一切れひたして与える者がそれだ」とある。このときはパンを酢にひたして与えたのである。

第5章

『聖書』から生まれた ユダヤ教・キリスト教・イスラム教

ローマ帝国への反乱――ユダヤ教とキリスト教の決定的分裂

新約聖書に記された歴史の叙述は紀元九〇～一〇〇年頃までしかないが、その後を少し追ってみよう。

まず注目すべきは、紀元六六年に起きたローマ帝国に対するユダヤ人の反乱である。これは、長い間にわたってローマに支配され、いつも異教徒ローマ人のきげんをうかがわねばならず、法律の執行さえままならぬ、しかも、ユダヤ教の異端でもあるようなキリスト教まで急速に信徒数を伸ばしてユダヤ教徒が改宗していくという日頃の忿《ふん》懣《まん》と、これでは神に選ばれた自分たちがじきに滅んでいくのではないかという不安が爆発したようなものだった。

「第一次ユダヤ教戦争」とも呼ばれるこの反乱を率いたのは、ユダヤ教徒の右翼であるセクト熱心党（118頁参照）であった。しかし、戦争の経験が豊富で戦いのテクニックに秀でていたローマ人のほうが圧倒的に強かったのはいうまでもない。

ローマ軍は、ユダヤ人ならば老若男女の区別なく殺し、六八年にはこの反乱をおおかた鎮圧した。エッセネ派とサドカイ派も、この戦争でほぼ壊滅することになった。

ローマ軍は七〇年には、イェルサレムのモーゼの律法を納めた巨大な神殿を破壊して燃やし、イェルサレムは廃墟《はいきょ》となった。宗教的な最高権力をもっていた最高法院は解体され、そして神殿税が、ローマの神殿のための税金に変更されるまでになったのだった。

当時のユダヤ人歴史家フラウイゥス・ヨセフスの『ユダヤ戦記』によれば、ローマ軍の指揮官だったティトゥスの言葉として「あなた方自身の手であなた方の神殿を燃やした」とある。文字通りにとればユダヤ人が神殿に火をつけたことになるが、この歴史家はローマ寄りなので真偽は見定めがたい。

このときローマ軍に包囲されていたイェルサレムから、棺桶《かんおけ》にひそんで脱出したパリサイ派の律法学者が、小都市ヤブネに「ラビによるユダヤ教」の学校を造った。これ以来、ユダヤ教はパリサイ派のラビによって指導されることになり、今日にまでいたっている。

ユダヤ人のキリスト教徒がいっしょに殺されなかったのは、危険を察してすでにイェルサレムから地方へと逃げていたからであった。しかし、この戦争によってイェルサレムはキリスト教の中心地ではなくなったのだった。

また、ユダヤ人キリスト教徒は対ローマ戦争に反対していたため、残されたユダヤ教徒ユダヤ人たちからは国賊として蔑視されるようになり、もはやユダヤ人がユダヤ教からキリスト教に改宗することはまったくといっていいほどなくなった。

つまり、ユダヤ教とキリスト教がこの対ローマ戦争をきっかけに、はっきりと分裂してしまったのであった。ユダヤ教からすれば、キリスト教はもはや異端でしかなくなったのである。

ローマに対するユダヤ教徒の反乱は、一三二年にも起きた。これは、一三〇年にローマ皇帝ハドリアヌスがイェルサレムを異教徒の都として再建したからだと思われる。イェルサレムという名はアエリア・カピトリーアに改められた。

一三二年にバール・コホバというユダヤ人が先頭に立って反乱を起こしたが、三年後には鎮圧されて、結果的に五十万人以上のユダヤ教徒が殺戮《さつりく》された。そしてユダヤ人はもうイェルサレムに入ることは禁止され、ユダの名前もシリアパレスチナと改められた。

反乱ばかり起こしていたために、ローマ人はユダヤ教徒まで迫害するようになった。こうしてユダヤ人は、国土どころか精神的な拠り所の神殿までを失い、迫害される民となったのだった。

この変化を一般のキリスト教徒らは、神の恩寵《おんちょう》はユダヤ教徒からキリスト教徒に向いたと考えるようになった。この考え方は当時では一般的であった。

『新約聖書』は、いつどこで誕生したのか?

一方、七〇年の戦争によってイェルサレムの教会を失ったキリスト教徒たちの宗教的活動の中心となる都市は、アンティオキア、ローマ、アレクサンドリアなどに移っていった。エジプトのナイル川の河口にあるアレクサンドリアは、港のある大都市であったために交通の便がよく、早くからキリスト教徒が増えたところであった。

もう一つの大きな要因は、アレクサンドリアは聖書(旧約)のギリシア語訳である『七十人訳聖書』が生まれた地だったということだ。

ここはユダ王国崩壊で離散したユダヤ教徒が多く移住したところで、その子孫たちはもはやギリシア語しか理解できなくなっていたので、ギリシア語の聖書が必要になっていた。そこで、すでに紀元前二世紀に翻訳ができていたのだった。

このギリシア語訳聖書があったために、唯一神について予備知識のない異邦人たちに対してキリスト教が広めやすくなった。ローマ帝国の公用語はギリシア語であり、異邦人であってもギリシア語だけは理解していたからである。

現在わたしたちが書店で入手して読むことのできる旧約聖書の各巻の配列は、この『七十人訳聖書』に従っている。各巻の内容はヘブライ語聖書と同じではあるが、配列が異なっているのである。

一方、新約聖書は最初からギリシア語で書かれた。主にローマ、シリア、エペソで書かれたという。それまではイエズスの言葉と行ないは口で伝えられていた。あるいは、直接イエズスを知っていた使徒や弟子らが伝えていた。そういう口伝を記してまとめた文書もいくつかあった。

それらを下敷きに六八年頃までにまず「マルコによる福音書」がローマで書かれたという。しかし、それより早く五〇年頃に「マタイによる福音書」が書かれていたという説もあって、確定するのは難しいようである。

初期キリスト教会

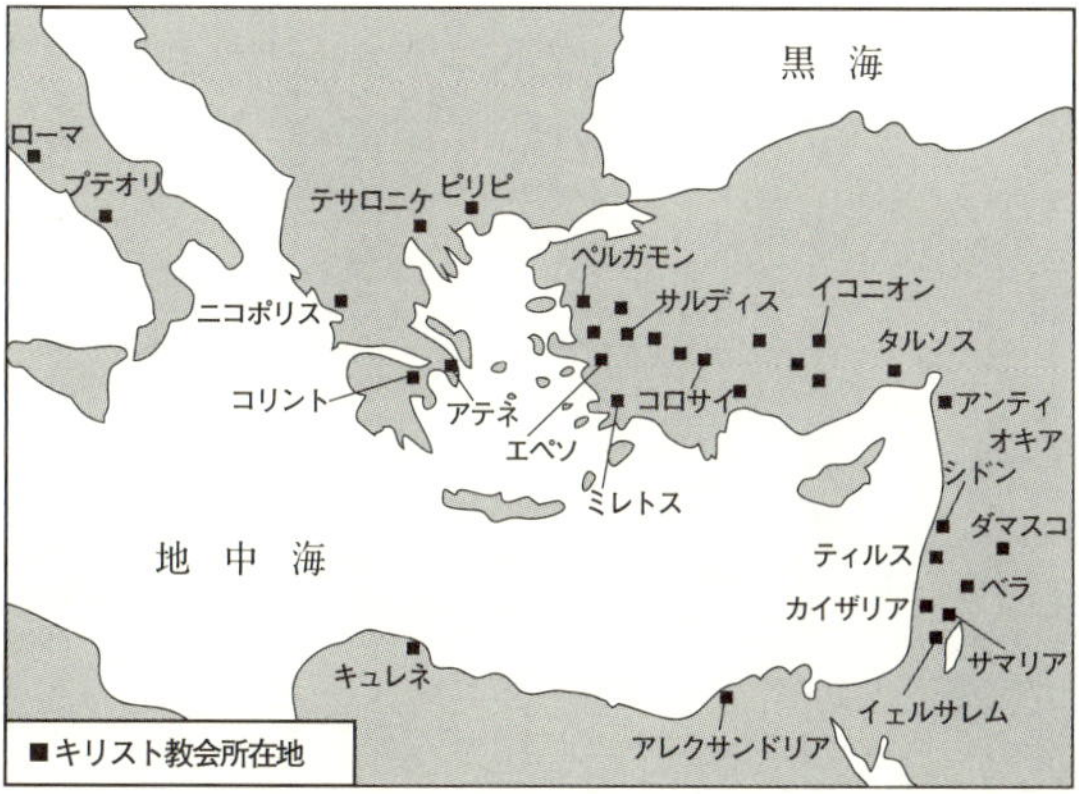

用いられたのは耐久性のないパピルスではなく、羊の皮を加工して紙代わりにしたパーチメントだった。文字ばかりではなく、絵も描かれた。そして巻き物ではなく、とじあわせて書物仕様にしたのである。写本の中には、パピルスに書かれたものもある。

方言のアラム語で書かれた「マタイによる福音書」をのぞいて、新約聖書の各福音書は日常語であったギリシア語で記された。このギリシア語を「コイネー」という。ちなみに、紀元一世紀の頃は、ヘブライ語を理解する者はほとんどいなくなっていた。

誰でも読むことのできる福音書がで

きたおかげで、各地にいるキリスト教徒に対する教えが統一しやすくなった。また、イエズスを知っている使徒たちが死んでしまってもなお、イエズスのことをいきいきと伝えるのに役立ったのだ。

また、教徒は文書によって、自分たちが何を信じているのかをはっきりと知ることができるようにもなった。その際にはパウロが各地に送った手紙類も大きな役割をはたしていた。

紀元八〇年から一〇〇年の間に主要な福音書があいついで書かれたのは、ローマでの迫害やユダヤ教戦争などで、キリスト教徒らに存亡の危機感があったためともいえるだろう。

迫害されたキリスト教が、なぜローマ帝国国教に？

さて、ローマ帝国内でのキリスト教徒迫害は紀元三一三年まで続くのだが、代々の皇帝が必ずしも迫害したというわけではない。法律を重視する皇帝の場合は、ローマ市民によってキリスト教徒が法を犯したと密告されても、その証拠がなければ刑に処することはなかった。

また、ローマでは神的存在であった皇帝を礼拝して、ローマの他の神々にいけにえを供えれば過去の罪であっても免除するとした皇帝もいる。また、前の皇帝がキリスト教徒迫害をしなかったから自分は迫害する方向でいくのだとした皇帝もいる。皇帝の性格によって、キリスト教徒への態度はまちまちだったのである。

いくら迫害しても、キリスト教徒の数は増えていった。無学な者が多かった信者にも、知性と教養をそなえた人物も入ってくるようになった。その代表は哲学者ユスティノスであろう。

ユスティノスはパレスチナ生まれであるが、両親は異教徒だった。彼は真理を求めてさまざまな学校で哲学を学び哲学者になっていたが、聖書も読んでいた。そして迫害によって殉教するキリスト教徒の姿を見て感銘を受けて、三十歳の頃に改宗したのだった。

そして彼は、イエズス・キリストの教えこそが哲学のすべての知恵を解き明かしているとして、さまざまな論戦でキリスト教を擁護する人物となった。かつ宣教も行ない、最後はローマで殉教した。

たとえば、善悪とは何であるかについて、プラトンから現代の哲学まで哲学者たちは千差万別の見解を述べてきている。最初は善悪の本質を宇宙のどこかに見出そうとし、今では善悪は相対的なものであるとしている。しかし、こういう哲学の思索を聖書の善悪観は超越している。そのようにしてユスティノスは、求め続けていた真理をイエズスの教えに見つけたのであった。

歴史をふり返ってみると、興味深いことに古代ギリシアに発生した哲学はイエズス・キリストの出現以来いったんぱったりと途絶え、それから長い間キリスト教哲学だけが哲学となっていく。再び哲学が出てくるのは、中世も後半になって名前だけのキリスト教徒が多くなってきてからである。それでも、哲学思想の多くにはキリスト教思想の影響がかなり濃厚に見られるのである。

さて、キリスト教徒は増加の一途をたどり、ローマ軍の兵隊にまで信者がいたほどだった。皇帝と副帝は、法律を変えたり勅令を出したりと手を変え品を変えながら破壊と迫害を続けてみたが効果はなかった。そして三〇三年にディオクレティアヌス帝がキリスト教徒弾圧を発令して大規模な迫害を行なった。

三一一年になると、キリスト教に対してようやく寛容の勅令が出され、三一三年にはコンスタンティヌス帝から「ミラノ勅令」が出された。これはローマ全帝国領にわたって、信仰の自由を保証するものであった。

この背景には政治的思惑があった。円滑に帝国を支配するには住民の大多数を占めるようになったキリスト教徒を敵にまわすわけにはいかなかったのである。コンスタンティヌス帝は、キリスト教の教えに似たような法令を発布するなど、その態度は曖昧に見えるところがあるが、三三七年の死の直前にはキリスト教の洗礼を受けている。

まるで揺り戻しのように、三六二年にはユリアヌス帝がキリスト教を迫害したりするが、それも長くは続かず、テオドシウス帝になると、キリスト教がついにローマ帝国の国教として認められることになる。三九二年のことである。そして、これまでのローマ神殿はキリスト教の教会に改造され、芸術的には美しい多くのローマ神偶像が各地で破壊されたのだった。

差別・追放されるユダヤ教

イエズス・キリストの出現と彼を信じるキリスト者の増加は、ローマ帝国を変えたばかりではない。周辺諸国、そして他の民族宗教にも強い影響を与えることになった。

その中でいち早く対応したのがユダヤ教であった。ユダヤ教徒は、最初はキリスト教をユダヤ教の異端や一分派にすぎないと軽視していた。しかし、キリスト教信者が増えてくると、ユダヤ教徒たちに対してさらに厳しく律法を遵守するように指導して、緊急の対応をはかった。

そしてすでに述べたように、ローマ帝国に対するユダヤ人の二度の反乱が無残な結果に終わり、聖地も神殿も失ってしまう。さらには、多くのユダヤ教徒がローマ人によって迫害され、このままでは滅亡しそうに見えた頃、彼らは紀元九〇年にヤムニヤ会議を開いたのである。

ヤムニヤはイェルサレムの西側にある地中海にほど近い町で、ここで開催した会議において、ユダヤ教の聖書がどの文書まで含むのかを最終決定したのであった。

こうしてできたユダヤ教の聖書の内容が本書347頁に掲載したものである。聖書を決定したということは、ユダヤ教のアイデンティティを確立したということであった。そうしてユダヤ教はキリスト教と何の縁もないことを示したのでもあった。

ローマ帝国内で、戦争後の迫害によってユダヤ教徒の人口は減少した。そればかりではない。テオドシウス帝によってキリスト教が国教とされてからはローマの法律が変わり、新しい法律によってユダヤ教徒は差別され、すべての権利を剝奪されるようになってしまったのである。

今度はユダヤ教徒を迫害するキリスト教徒まで出てくるしまつだった。そして時代が変わっても、ユダヤ人はどこにおいても差別されたり追放されたりした。特に十三世紀から十四世紀のユダヤ教徒迫害はひどいものであった。ユダヤ教徒への差別は今なお続いているといっても、決して過言ではないだろう。

キリスト教の聖書文献は一五〇年頃までにほぼそろっていたが、それがキリスト教の聖典新約聖書として認められたのは、北アフリカで三九七年に開催されたカルタゴ会議においてだった。それまでは各地の教会で用いる聖書は約六十〜七十%は同じだったが、どれを聖なる文献として使用するかは、各教会において異なっていたのである。

そしてようやくどの文書を聖典とするかが会議で決定され、昔から信者に読まれてきた「ヘルマスの牧者」の他、「バルナバの手紙」「ヘブル人の福音書」「ペトロの黙示録」「ペトロ行伝」「十二使徒の教訓」などが聖典から除外されたのであった。

イスラム教は
どのようにして生まれたか？

遊牧民がいなければユダヤ教が生まれず、ユダヤ教がなければキリスト教は生まれなかったが、さらに、キリスト教が生まれなければ発生しなかったのが、イスラム教である。

イスラム教はアラビアの大都市メッカに生まれたムハンマド（五七〇頃～六三二）が創始した宗教である。イスラムとは「神のみこころへの服従」という意味である。

ここで、イスラム教の発生をごく簡単に述べてみる。

創始者ムハンマドはもともとは商人であり、二十五歳のときに雇い主の十五歳年上の女性と結婚した。ムハンマドが生まれたメッカは神殿をもつ宗教都市であったが、当時のアラビアはまだ原始的な多神教（たとえば木、直方体の黒い石、外国の彫像などを現実の神とみなす）で偶像崇拝をしていた。宗教はもっていたものの、社会は混乱し堕落しきっていたという。そんなときに信仰深いムハンマドは、偶像にいけにえを捧げたりすることは無意味ではないかと考えていたらしい。

ムハンマドは、若い頃にユダヤ教徒やキリスト教徒に接している。また、ペルシアのゾロアスター教の影響も受けた。そして聖書の教える神こそ真の神ではないかと思っていた。

ヒラーの洞窟(メッカ郊外にある岩山)で瞑想をするようになってから十数年後、ムハンマドの前に天使ガブリエルと名のる者が現われた。そして神の名がアラーであることなどを告げたという。

ムハンマドは自分は砂漠の魔物にとりつかれたのではないかと思いつめ、崖《がけ》から投身自殺をしようとした。するとそこに再び天使ガブリエルが現われて、彼を神の使徒と呼んだのであった。

このときからムハンマドは自分が預言者であると自覚し、天使から聞いた唯一神アラーの言葉を伝道することになった。しかし狂人と見られて、少数の信者と共に地方へと逃げなければならなかった。

どこでも迫害され、ついには何も食べるものがなくなった。そこでムハンマドたちが行なったことは、砂漠を通るキャラバン隊を略奪することであった。略奪は遊牧民の世界では生活を支えるための副次的経済行為であったのだ。

ムハンマドたちの略奪はしだいに大がかりになり、ついにはメッカを襲い、無血で征服することに成功した。これだけムハンマドが強いのは、本当の神が後ろ楯になっている証拠だとされた。もっとも、一般に古代では争いに勝つ者には神がついているからだという考え方が常識だった。

かつては多神教を信じていた多くのアラブ人がイスラム教徒になった。そこには経済的理由もあった。というのも、ムハンマドたちが支配した地域ではイスラム教徒になったほうが高額の人頭税などの税金が課せられないからである。後年に乾燥地帯やアジアにイスラム教が拡大したのも、関税が安くなるなどの商売の便宜上の理由があったとされる。

そうしてメッカのカーバ神殿から多神教の三六十体の偶像がとりはらわれ、メッカがイスラム教の第一の聖地とされた。第二の聖地とされたのは現在のメディナ(アル・マディーナ　預言者の町という意味)であるヤスリブであり、その理由は最初の迫害からムハンマドが逃げてきた地だからだ。

イスラム教の聖地

イスラム教の第三の聖地はイェルサレムである。六三二年にムハンマドは六十三歳で病死したが、その際に天使に連れられてイェルサレムの神殿まで夜空を飛んでいったという説話がその理由である。

こうしてイェルサレムは、ユダヤ教、キリスト教、イスラム教の重複聖地になってしまって今日にいたる。しかし、このことがまた大小の紛争の原因にもなっている。

しかし、キリスト教圏とイスラム教圏が当時から鋭く対立する最大の要因はイスラム教の聖典とされているコーラン（クルアーンともクラーンともいう）の記載と、そこから生まれる戦闘的な教義である。

イスラム教は、ユダヤ教とキリスト教に共通する聖典である聖書が、あとから意図的に改竄《かいざん》されたものだと、コーランの中で主張している。旧約聖書の神の名は、「ヤーヴェー」ではなく、本当は「アッラー」だとする。コーランではまた、ユダヤ教徒の先祖であるアブラハムや新約聖書に出てくるイエズスは、最初からイスラム教徒であったとしている。


なぜイエズスが神ではなく人間なのかという証拠として、イエズスが食事をするからだとコーランでは説明している。したがってイエズスは記録されてきた多くの預言者の中の一人でしかない。ムハンマドも預言者であるが、人間に与えられた最後の預言者であるために、イエズスよりも格が高いとされる。

コーランによれば、イエズスは人間であったのに、人々が彼に過度の愛情を注いだために自分を神の子として考える逸脱におちいったのだという。

コーランの中では、アッラーはイエズスに「おまえを神として崇めよと人間に命じたのか」と詰問し、イエズスは「そんなことはない。わたしはあなたから人間に告げるよう命じられたことしか言っていない」と弁明している。

とにかくコーランでは新約聖書の内容を否定している。たとえば、イエズスが十字架刑に処されたことはないとまで言い切る。十字架で刑死したのは幻覚であり、実際にはアッラーが天に引きあげたのだとされる。

要するに、コーランはユダヤ教とキリスト教の信仰をことごとくひっくり返し、イスラム教こそが絶対的な真理だと主張してやまないのである。そして、「キリスト教はイエズスや神や聖霊をそれぞれ神の姿だとする三位一体説をもっているがゆえに多神教だ」として強く批判している。

イスラム教徒は多神教徒をイスラム教に改宗させるべく戦わなければならない。その戦いは実際の戦争にも発展する。コーランには次のようなことがたくさん記されている。

「多神教徒は見つけしだい殺し、またはこれを捕虜にし、拘禁し、またあらゆる計略でこれを待ちぶせよ」(『日訳・注解　聖クラーン』以下同)

「そのとき、なんじらは、彼らの首をはね、また彼らのそれぞれの指先をうち切れ」

「かれらに会えば、どこでもこれを殺せ、なんじらを追放したところから、かれらを追放せよ、まことに迫害は殺害より、もっと悪いのである」
「まことに不信者は、なんじらの公然の敵である」
「宗教が全くアッラーの（宗教）ただ一条《ひとすじ》になる時まで、彼らを相手に戦い抜け」

「ジハード」という言い方もコーランから来ている。ジハードは広い意味での宗教的な奮闘努力を意味する曖昧な言葉だ。しかし実際には、異教徒相手の戦争もジハードであり、ムハンマドたちがメッカから砂漠を渡ってくるキャラバン隊を襲って金品を強奪するのもジハードと呼ばれている。

このような内容をもつコーランは、読み書きができなかったムハンマドが書いたものではない。ムハンマドの次の指導者であるウスマーンによって著されたものである。その他に、ムハンマドと主要信徒の言行を記録した「ハディース」、法典である「イジュマー」が、イスラム教徒の生活を支える重要な書物である。

イスラム教はやがて、イスラム教徒はスンニ派とシーア派という二つの大派閥に分かれた。この分裂はムハンマドの後継者をめぐって生じたもので、現在まで多くの紛

イスラム教徒が人口の50%以上の国

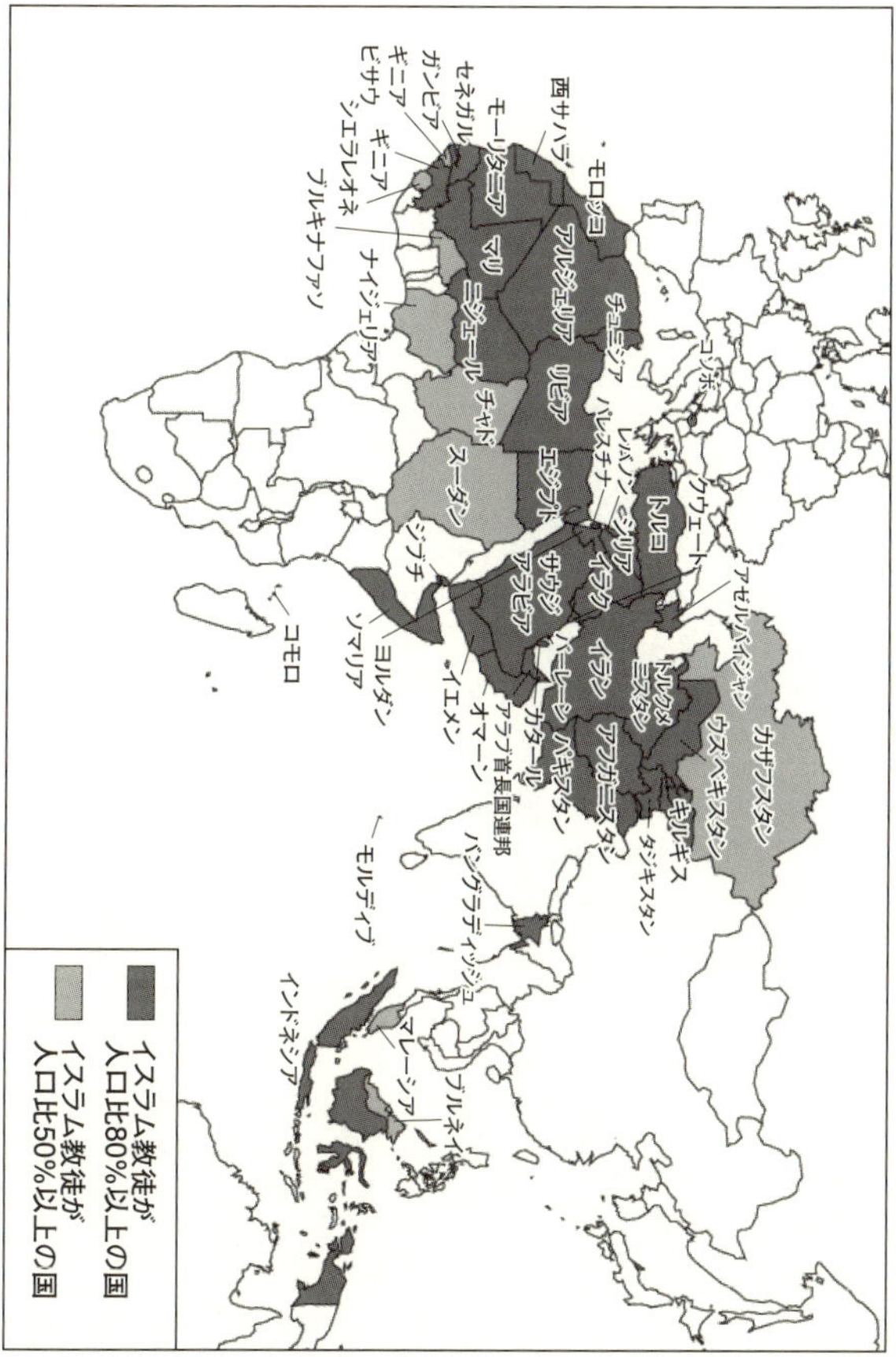
西サハラ
モロッコ
モーリタニア
セネガル
ガンビア
ギニアビサウ
シエラレオネ
ギニア
ブルキナファソ
ナイジェリア
マリ
アルジェリア
チュニジア
ニジェール
リビア
チャド
スーダン
エジプト
パレスチナ
レバノン
コソボ
トルコ
シリア
イラク
クウェート
アゼルバイジャン
サウジアラビア
ジブチ
ソマリア
ヨルダン
コモロ
イエメン
オマーン
アラブ首長国連邦
カタール
バーレーン
イラン
トルクメニスタン
ウズベキスタン
カザフスタン
アフガニスタン
パキスタン
キルギス
タジキスタン
バングラディッシュ
モルディブ
インドネシア
マレーシア
ブルネイ
イスラム教徒が人口比80%以上の国
イスラム教徒が人口比50%以上の国

争や問題を起こしているものである。
スンニ派（スンナ派ともいう）がイスラム教徒全体の約八十五％を占め、この派は「伝統」という名称のとおりに、旧来の慣行や慣例を重視する。十五％がシーア派で、この名称は「党派」を意味している。そして両派は互いを敵とみなしているため、依然として紛争が絶えない。

現時点でイスラム教徒は現代世界に約十六億人以上おり、キリスト教徒の約二十三億人に次いで多い。しかし、二十一世紀末にはイスラム教徒数がキリスト教徒数を超えると予想されている。これは、イスラム教徒に改宗する人が増えるからではなく、父親がイスラム教徒の場合は、その子供がそのままイスラム教徒として認められるためである。

コラム

聖書に使われている言語

ユダヤ教から生まれた旧約聖書はヘブライ語で書かれたが、新約聖書はギリシア語で書かれている。なぜなら、新約聖書が成立した頃は、ローマ帝国が地中海諸国を支配していて、そこではギリシア語が共通語であったからである。

しかし、初期のキリスト教徒にはユダヤ人も多くいたはずなのに、なぜヘブライ語ではなくギリシア語なのか、という疑問が出てきてもおかしくはない。実はヘブライ語は、紀元前三世紀頃からユダヤ人の間でもほとんど使われなくなっていたという事情がある。

ところで、新約聖書の主人公はイエズス・キリストだが、彼が使っていた言語は、アラム（アラマイ）語である。とすると、聖書に関わる言葉はヘブライ語、ギリシア語、アラム語の三つがあるということになる。

三つの異なる言語を使うなど、ずいぶん国際的だなと思われるかもしれない。しかし、文字体系の中で、この三言語は親戚同士なのである。祖先はフェニキア文字であり、そこからアラム文字が派生し、アラム文字からヘブライ文字が派生し、ギリシア文字もまた祖先にフェニキア文字をもっているのだ。よってアルファベットが異なっても読み方には似たところがある。

また、この三つの言語を使う人々は互いに通商関係にあり、互いの言語を容易に知る機会にも恵まれていた。

その近親の例として、イエズスの最期の言葉「わが神、わが神、どうしてわたしをお見捨てになったのですか」を引用してみよう。ヘブライ語ではこれを「エリ、エリ、ラマ、アザブタニ」と発音し、アラム語では「エロイ、エロイ、レマ、サバクタニ」と発音するのである。

第6章 『旧約聖書』のダイジェスト

——何が書かれているのか？

モーゼ五書

〔創世記〕――天地創造・ノアの方舟・バベルの塔……

冒頭には、いかにして神が天地世界を創造したのかが描かれている。それは神秘的な表現で描かれているが、事実をそのままに記しているわけではない。しかし、人間の想像力を強く刺激する詩的にすぐれた描写であることは、一読すれば誰にもわかる。

興味深いことに、ここには異なる二つの天地創造の記載がある。第1章と第2章の叙述と印象がまるでちがうのである。

しかも、原文のヘブライ語では第1章が文語体で書かれ、第2章はうってかわって口語体なのだ。内容も異なっている。そのちがいのはなはだしい部分は人間の創造についての部分だろう。第1章では次のようになっている。

「アダムの創造」(ミケランジェロ)

「神は、ご自分にかたどって人間をつくり、神に似せてつくり、男と女とにつくられた。神はかれらを祝福して、『生めよ、増えよ、地をみたせ、地を従わせよ、海の魚、天の鳥、地上をはうものをつかさどれ』とおおせられた」

第1章の人間創造では、男女が同時に創造されている。ところが、次に見る第2章では、順序がまったくちがうのである。

「そのとき主なる神が、地のちりで人を形づくり、いのちの息をその鼻にふきいれられると、人は生きるものとなった。
……主なる神は深いねむりを人の上におこされたので、人はねむったが、神は人のあばら骨を一つとり、そのところを肉でふさがれた。主なる神は、人からとったあばら骨に形をつけて、女につくりあげられた」

この部分を読んだだけでちがいは明白だが、第2章の今の引用で省略したところで、神は園、木、川、動物や鳥を創造しているのである。そして女は最後に創造されるのである。だからといって、ここに男尊女卑や女性蔑視の思想が隠されているわけではない（260頁参照）。原文では、男はイッシュ、女はイッシャであり、同じ語源をもつ言葉を使用している。そして、男は女に助けてもらわなければ、続く生を維持できないのである。

第1章と第2章のちがいに戻れば、こういう齟齬《そご》が生じた原因は明らかである。なにしろ書かれた時代が異なるのである。第1章は紀元前六世紀、第2章はもっと古く、紀元前十世紀なのである。

この「創世記」が紀元前十二世紀のバビロン（現在のイラク）の神話に負っている

とされる意見もあるが、両者は本質においてまったく異なっている。

なぜならば、バビロンの詩人もまた天地創造の詩を書いたが、そこには複数のさまざまな神がいて、互いに争っているからである。つまり、ギリシア神話のような多神の世界なのである。しかも、人間は神の奴隷として創造されているのだ。

しかし、聖書の「創世記」には、たった一人の神しかいない。また、人間は土から造られたものの神の奴隷ではなく、神に似た姿であり、神と愛しあう存在として創造されているのである。ゆえに、人間が楽園を追放されても、神は人間を決してのろっていないし、むしろ庇護《ひご》していくことを約束しているのである。

世界のあらゆる場所に古代から天地創造の神話がある。そして、どれも似たりよったりであり、多くの神の存在を記してある。それは古代の人間が自然現象のいちいちに神性を見ていたということを裏づけるであろう。

そういう神話が一般的であるのに対して、聖書の神はたった一人しかいないという特徴があるのだ。また、人間を愛し続けるという特徴がある。このような構図で神と人間を描いたものは、他には見出せないのである。

聖書六十六巻のどこをとっても、神は唯一であり人間を愛しているという姿勢は変わっていない。さらに聖書の神はみずから姿や力を現わして、人間の生と歴史に介入してくるのである。まさに「生ける神」の躍動が聖書全篇にみなぎっているのである。だから、聖書を日本語に翻訳したバルバロは「聖書の本当の著者は、天と地を造られた神である」といっているのである。

この「創世記」にあるアダムとエバの失楽園物語は「原福音」とも呼ばれている。つまり、「救いの書」だというのである。この理由に関しては、本書164頁を読んでいただければわかるだろう。ここには罪の本質は愛の欠如であることがはっきりと述べられている。また、罰は神からのものではなく、自己の罪に気づいている人間の心の悲しみであることも描かれている。

また「創世記」には、有名な物語がたくさん詰まっている。

アダムとエバの子供であるカインが弟アベルを殺す物語も、第4章で描かれている。殺人を犯したにもかかわらず、神はカインを守護していくことを約束している。この物語は、さまざまな文学、演劇、映画などの発想の泉となっていることは多くの人が知るところである。

ノアの方舟（ドメニコ・モレッリ）

有名なノアの方舟の物語も「創世記」にある。

おそろしい雨が降り続いて地中海世界が洪水になり、信仰深いノアの一族とあらゆる動物のつがいだけが生き残るという筋である。

この方舟は約二万トン級の木船であり、高さ十三・五メートル、全幅二十二・五メートル、長さ百三十五メートルにもなるという。

第11章に描かれているのは、バベルの塔の話である。洪水後の世界でノアの子孫たちは同じ言葉を話していた。これは政治的統一を表現したものらしい。

そして人間たちはバビロンに移ると、「天まで届くような」塔を建てたのだった。これに怒った神は人間の言語を乱し、全地に散らしたのだった。

バベルの塔と呼ばれるこの物語は、一般に世界中にさまざまな言語が生じたことの神話的表現だとみなされている。しかし、真の主題はそういうことではなく、高い塔が人間の傲慢さの象徴であり、その傲慢さに対して神が怒ったということである。

バベルの塔と呼ぶのは、ヘブライ語で「混乱させる」を意味し、類似音をもつ「バーラル」をもじったからだという。バベルのもとの意味はアッカド語で「神の門」であり、直接には都市バビロンのことを指す。

このバベルの塔は空想のものではなく、ジッグラトという名前で実際にあったもので、現在も痕跡が残っている。チグリス・ユーフラテス川の周辺では二十二のジッグラト遺構が発見されている。これは高さが九十メートルもある七階建てで、最上段には神殿があった。紀元前六世紀頃は、このジッグラトの周囲に町が建設されていたのであった。

なぜ神がこのジッグラトを嫌悪したかというと、その高い塔が人間の傲慢さや偶像崇拝や不道徳のシンボルであったからだ。

人間の傲慢さに神は「言葉を混乱させる罰」を与えた。
「バベルの塔」(ピーテル・ブリューゲル)

バベルの塔の基となった
ジッグラトのイメージ図

神はへりくだる者、愛する者を助け、傲慢な者、偶像を崇拝する者に対しては手厳しくあたっている。これは聖書のどこにおいても同じである。

そして、旧約聖書では「創世記」の次の第12章からヘブライ人の歴史がえんえんと描かれていくわけであるが、人間の信仰と不信仰がくり返され、そのたびに人間は平和に暮らし始めたり、問題を起こして離散したりする。

そういう人間をあわれんだ神は、どのように生きればよいのかということの実践的細則である律法を与えるが、人間はこれをしだいに狭く解釈し始め、むしろギスギスするか偽善的な生き方をするようになってしまう。そのあげくに多くの罪を重ねてしまうのである。

これではすべての人間が死ななければならない。しかし、神は人間を深く愛しているから人類を滅ぼしたくはない。そこで、全人類の罪を背負う者として、イエズスを地上に送るのである。このイエズスを信じて神との愛の関係に入るかどうかを人間に迫ったのである。

そのことを念頭に置けば、聖書の理解はかなり容易になるだろう。以下、聖書の主だった各書を簡単にダイジェストしてみよう。

〈出エジプト記〜民数記〉——ユダヤ人が頑《かたく》なに守り通す律法

「創世記」第12章から「出エジプト記」については、本書第2章で歴史的背景もからめて解説した。「出エジプト記」は、エジプトで奴隷として苦しめられていたヘブライ人を、神がモーゼを通して救う話である。モーゼが神の力で海を分け、そこをとおって逃げるという有名な場面も「出エジプト記」のものである。

このときに、神ははじめて自分の名「在る者」を告げ、人はどう生きるべきかという指針になる律法を人間に与える。それは神の愛であったが、人間はしだいにその律法の言葉に縛られるようになってしまう。

神のおかげで平和を得たものの、安楽になれば再び浮気心が芽生えて人間は他の神々をまつるようになる。それを神は厳しくいましめる。モーゼもまた、人はどう生きていくべきかを遺言として残し、約束の地カナンを前にして死ぬ。

やがてヘブライ人はカナンの地に達するための準備をする。それは、神が彼らに約束した地であった。

ここまでが、「出エジプト記」「レビ記」「申命記」「民数記」である。

ユダヤ人が律法と呼んでいるものが、旧約聖書の前半にあるこれら五つの書「創世記」「出エジプト記」「レビ記」「申命記」「民数記」である。

現代の正統的ユダヤ人が、頭と腕に何か小さな箱のようなものをつけているのを写真などで見たことがあるかもしれない。これは律法を記した文書を入れた箱である。なぜ、彼ら敬虔なユダヤ人がそのような奇妙なことをするのかというと、「申命記」の第6章に「律法をいつも語り伝え、手に判のように結び、目の間の下げ飾りのようにせよ」と記されているからである。

しかし、その文章は「神を、心をつくし、魂をつくし、全力をつくして愛せよ。この言葉がいつまでもあなたの心にあるようにせよ」という文章からの一貫した流れにあるのだ。

ということは、「律法を手に判のように結び、目の間の下げ飾りのようにせよ」というのは、行ないにおいても判断においても律法を忘れるなという比喩的表現だということがわかる。しかし、ユダヤ人はまさに文字通りに受け取ってしまったのである。

神の律法はことさらに厳しいような感じを受けるかもしれないが、実際にはそうで

ヒラクティリー

はなく、現代人のわたしたちにも示唆を与えてくれるものがたくさんある。いくつかを紹介してみよう。「私」とあるのは神のことである。

「他国人を困らせたり、しいたげたりするな。あなたたちも、エジプトでは他国人であったではないか。やもめやみなし子を悲しませるな。悲しませるならば、私は彼らの叫びを聞き、私のいきどおりを燃やし、あなた方を剣で打ち殺そう」

「おまえらはかつて他国人であったではないか」という記述は、聖書中に何度も出てくる。何度も念を押さなければならないのは、あたかも過去を忘れたように、ヘブライ人たちが横暴かつ傲慢にふるまっていたからである。また、生活が安定するといつしか倫理も乱れてくるのが常だった。

「多くの者が不正や悪を行なってもおまえはそれに追随するな。大多数が法廷で不正な判決をしようとする場合でも、それといっしょになって判決を曲げてはならない」

神がここまで述べているのは、不法な者につられて悪事を行なう人が多かったからであろう。ある意味で神は心配性な父親に似ている。また、次のような神の言葉もある。

「自分の畑の刈り入れを集めるとき、束のひとつを畑に置き忘れてきたときは取りに戻ってはならない。その束は寄留している異国人とみなし子とやもめのものとせよ」

ミレーの名画「落ち穂ひろい」はこれを下敷きとしている。

このように、神は正義を求め、小さい者、虐げられる者に熱い目を注ぐ。だから、

「落ち穂ひろい」（ミレー）

神は土地をもつこともない少数の遊牧民にすぎなかったヘブライ人を選んで助けてきたのである。

このことは、「申命記」の第7章に「神があなた方を選んだのは、どの民よりも貧弱であったからだ」と書かれている。

コラム

聖書に見る男女観

聖書には、女性を低く見る思想があるという人がいる。そういう人が根拠として差し出すのは、「創世記」の次のくだりである。

「……人は、すべての家畜、空のすべての鳥、すべての獣に名をつけたが、自分に合う助け手を見つけなかった。……すると、神は人のあばら骨を一つとり、そのところを肉でふさがれた。主なる神は、人からとったあばら骨に形をつけて、女につくりあげられた」

ここにあるように、女が男の助け手として創造されたこと、しかも男の体の一部分「あばら骨」から創造されたという記載が、女性を一段と低く見ている証拠だとされる。

確かに「助け手」という表現は「補助的手段」という印象を与える。しかし、原文のヘブライ語「エーゼル」が意味する「助け手」には、単なる補助的手段という含みはない。それどころか神が人間の「助け手」であると表現する場合、聖書ではこの語を頻繁に用いているのである。

つまり、日本語の「助け手」とはほど遠い意味となり、女性は男のヘルパーではなく、パートナーといえるのだ。実際、英語の聖書では、パートナー（partner）と翻訳されている。女性は男性と同等の存在であり、男女は互いに補いあう。そこに本質的な支配と服従という関係はない。

さらに興味深いのは、女が創造されたときに男ははじめて男になったということである。聖書の叙述を注意深く読んでみればわかるが、女が創造されるまでは単に「人」としか記載されていないのだ。女が創造されることによって、男は男となったのである。男の存在は、女の存在なしには考えられないことになる。これは、聖書が女性を低く見ている証拠とはならないだろう。

歴史

〈ヨシュア記・士師記〉――ヘブライ人のカナン征服の物語

モーゼが死んだあとには、後継者としてヨシュアが立てられた。そしてヨシュアに率いられた民がヨルダン川を渡り、エリコの町などを陥落させ、カナンの地を征服していく領土拡大の歴史が語られる。カナンは日本の四国ほどの面積である。

征服というと暴力的な侵攻が思い浮かぶが、第6章に描かれているエリコ陥落は、神に指図されたまことに不思議な方法によった。律法を入れた箱をかついで、エリコの城の周りを一日に一回歩くのである。そして七日目は七度回って、叫びながらラッパを鳴り響かせた。すると、エリコの城壁はいとも簡単に瓦解したのだった。なお、新約聖書に出てくる町エリコは、このエリコの町の南方に造られた新しいエリコである。

そうして近隣諸国をも征服し、ヨシュアらヘブライ人たちはカナンの完全征服に成功したのだった。北から南までのカナンの地を十二の部族に分配したのもこのときだった。そのもっとも南がユダ部族の分である。こうして、遊牧民たちは自分たちの土地を得て、定着農耕民族に変化したわけである。

この「ヨシュア記」は歴史書の体裁をとっているが、記されたのは実際の約二百年後であり、史実に即してはいないという。歴史的事実を伝えるのが主眼なのではなく、神がいかに彼らへブライ人たちを助け続けたかということが重要なのである。

カナンは12部族に分配された

次の「士師記」は「ししき」と読むが、「士師」という敬称は「さばきつかさ」と読む。これはヘブライ人を統一するために神によって立てられた政治的・軍事的指導者であり、いわゆる英雄である。

この士師は十二人が続くが、

中でも十二人目の士師サムソンは変わった人物である。素手でライオンを斃《たお》すことができるほど怪力なのに、髪の毛を切られるとその力を失ってしまうのである。

そんなサムソンは敵方ペリシテ人の女デリラを愛してしまったがゆえに、酒に酔ったときに自分の秘密をうっかり漏らしてしまう。そして、眠っている間に敵に髪の毛を切られるばかりか両目をえぐられてしまうのだ。

男性的な魅力を持つサムソンと愛と嫉妬に狂うデリラのこの物語は、屈折した男女の愛憎の官能性とサスペンスに満ちているために、西欧ではサン＝サーンス作曲のオペラが今でも上演されているし、映画の題材ともなっている。そのため昔からとても有名であり、サムソンとデリラという名前は一種の魅惑的な男女像の象徴として、現代でも多くの人が比喩としてふつうに用いている。

これが聖書の中の一書であるのは、士師がいてヘブライ人たちを仕切っているときは信仰にとどまっていられるが、士師が死んでしまうと別の宗教を信じてしまうという人心の揺れが見られることを描いているからである。それが後世の人々への教訓になるのである。

特に、ここに描かれた紀元前十二〜十一世紀がもっとも宗教的にゆるみのあった時代だといえるだろう。

ヘブライ人たちがしばしば信じた異教は、カナンの民族宗教であった。これは自然の力を人格的に表現したものを神とする多神教で、その中でも有名なのがバアル神である。バアル神は天候の神、豊作の神でもあった。ヘブライ人たちはバアル神の偶像そのものを神の現われとして礼拝していたのだった。

スティーブン・ナイト『知られざるフリーメーソン』によれば、今なお世界中にある不気味な秘密結社フリーメーソンの神の一つがこのバアル神であるという。バアル神は十六世紀の悪魔学者によって、悪魔であると断定されている。

その真偽はともかく、ヘブライ人たちの信仰がたびたび揺らいだことはまちがいないだろう。

ユダヤ人によってしばしば偶像崇拝されたバアル神

〈ルト記（ルツ記）〉——ダビデ王の出自が示唆するもの

この書はいつ誰が記したものかはっきりしていない。しかし、ダビデの名前が最後に記されていることから、紀元前十世紀あたりに書かれたと推測されている。「ルト記」はこれまでの書とはうってかわって、戦いや抗争・殺人のない穏やかな文学書となっている。主人公のルトも、けなげな女性である。

物語の骨子はこうである。ユダのベツレヘムに住んでいた、あるヘブライ人の一家族は、飢饉のためにモアブに移り住んだ。モアブとは死海の東南部にある山地である。やがて夫が死に、妻ナオミと二人の子が残された。

二人の子はモアブの女（つまり、ヘブライ人から見れば異邦人）を妻に迎えた。一人はオルパであり、もう一人はルトという名前だった。十年たつと、夫たちが死んでしまった。ナオミはユダに戻ることにした。そして二人の嫁には実家に戻るよう言い渡した。オルパは実家に戻ったが、ルトは姑であるナオミから離れようとはせずに、いっしょに行ってヘブライ人たちの神を信じると言うのであった。

ルトはナオミと共にベツレヘムに行き、生活を支えるために落ち穂ひろいをした。ヘブライ人は異教を信じていた異邦人にはかなりつらくあたるのに、畑の持ち主ボアズはルトにやさしかった。ルトがしたことを神が報いてくださるようにと願うのだった。さらには畑から収穫をする使用人に、ルトのために麦束からいくらか抜きとって落としておけ、とまで言うのである。そしてナオミはルトとボアズが結婚することを願い、ルトにプロポーズをさせた。これを受け入れたボアズはルトと結婚した。そして子供を生むのであるが、その子孫の一人がダビデであった。

この書の重要な点は、やがてイスラエルの二代目の王となるダビデが、異邦人の女の血を引いているということである。ヘブライ人は血統を重視する民族である。しかし、神の本当の望みはそうではなかった。血統と救いは関係がなく、異邦人であってさえも神は救うのである。この意志は、やがて現われる救世主イエズス・キリストの意志とも相応することになる。

〈サムエル記Ⅰ・Ⅱ〉——イスラエル王国はいかにして建設されたか

ここに記されているのは、イスラエル民族の王国建設の過程である。「その名は神」

という意の名のサムエルは、最後の士師である。「サムエル記」という名称ではあるが、本書の主人公はダビデである。

今まで王がいなかったイスラエルに王が誕生し、王政国家が建設されていく様子が述べられているのだが、王を必要としたのは民衆だった。強力な軍隊をもった残忍なペリシテ人たちがカナンに侵入してきたため、これに軍事的に対抗する強い王を欲したのである。

しかし、士師サムエルは、王という権力者を立てればどうなるかということを民衆にさとすように話す。

「王の権利を知っているのか。王は、あなた方の息子を兵士として徴用し、武器をつくらせ、あなた方の娘を料理人やパン焼き人とし、上等な土地を取り上げ、収穫から十分の一を先取りし、家畜からも十分の一を先取りするのだ。そして、あなた方は結局のところ王の奴隷となってしまうのだぞ」

それでもなお、民衆は王を求めたのであった。そして、もっとも背が高かったサウルがイスラエル王国初代の王となったのだった。

こうして、士師の時代は終焉《しゅうえん》する。サウル王の軍隊はさいわい連戦連勝を続けるが、やがてサウルは傲慢になって罪を犯し、そのためにノイローゼ状態になってしまう。彼を慰めるのは少年ダビデのかなでる琴だけであった。

この少年ダビデが次の王になるのだが、その経緯については本書第2章で書いておいたので、そちらをあわせ読んでほしい。

王ダビデはイスラエルの英雄であり、イスラエル全民族を統合した功績があったが、姦通の罪を犯してしまう。しかも、自分の兵の妻をこっそりと奪って孕《はら》ませ、その兵を戦争の最前線に立たせて殺してしまうという卑劣な手口を用いた。

その後はダビデの子供たち同士の近親相姦、息子の武装反乱と戦死というふうに不幸に見舞われ続ける。しかし、ダビデが長い間にわたるつぐないで心から悔い改めたので、神は赦しを与えたのであった。

イスラエル人は、救世主は現実的な王でなければならないという先入観をもっていたのでサウルをメシアと考え、また次の王ダビデもまたメシアだと信じ込んでいた。

しかし、サウルは神に不忠実であり、ダビデは姦通者であり殺人者であった。そういう意味で、本当の救世主は彼らではないということをこの書は明らかに示している。

〔列王紀Ⅰ・Ⅱ〕——ダビデ王の死から王国の崩壊まで

これはダビデ王の死から始まり、王国の崩壊までを記している。紀元前九七一年から約四百年にわたる歴史の書である。著者は不明だが、紀元前六世紀に書かれたと見られている。

王国崩壊の原因は、罪と神に対する不忠実である。具体的には、偶像崇拝をしたり、占い師にうかがいをたてたり、神の言葉を伝える預言者を殺害したことであった。王の中の王と呼ばれたソロモンも例外ではなかった。イスラエルを治め、全国に建築事業を興して栄華の時代を誇ったが、やがて心は傲慢へと落ちていくのである。千人の妻と側女《そばめ》を得、異教徒が偶像を建てることさえ許してしまった。そうして巨大な事業とほうもない贅沢《ぜいたく》のために多くの税が必要となり、王国分裂のきっかけをつくってしまう。

このソロモン王は、知恵にすぐれた人物としても有名であり、南アラビアのシバの女王がそれを確かめにイスラエルを来訪したほどであった。その知恵の一つを紹介してみよう。

まだソロモンに堅い信仰があった頃、二人の遊女がやって来て、そのうちの一人がこう言った。

「わたしたちは同じ家に住んでいるのですが、わたしは子供を産み、この人も三日後に子供を産みました。さて、この女が産んだ子が夜中に死にました。彼女が自分の子の上にあやまって横になったからです。彼女はわたしが眠っている間にわたしの子をとって自分の寝床に寝かせ、自分の死んだ子をわたしのそばに置きました。朝になって、わたしは乳を飲ませようとして、子供が死んでいるのに気がつきました。けれども、よく見てみると、それはわたしが産んだ子ではなかったのです」

すると、もう一人の女が口をはさんで、「いいえ、ちがいます。死んだのはあなたの子で、わたしが産んだ子は生きています」と言い張った。ソロモン王は互いに言い張る女の間に決着をつけなければならなかった。

ソロモン王は剣をもってこさせると、臣下にこう命じた。「生きて残っている子供を二つに切り分けて、半分ずつ女に与えよ」。すると、一人の女は「どうぞ殺さずに彼女に与えてください」と言い、もう一人の女は「どうせ誰も子供を自分のものにすることができないのだから、切って分けてください」と言った。

そこで、ソロモン王は宣告を下した。「殺さずに彼女に与えてくださいと言った女が本当の母親である」

この知恵は、日本の大岡越前之守が裁判を行なったときの知恵とそっくりであることはもう気づかれたと思う。


この「列王紀」には有名な預言者が登場してくる。エリヤである。預言者とは、もちろん予言をする者ではない。預言者はかつては「先見者」（ローエー）とも呼ばれており、神の言葉を伝える者である。預言者をとおして神の言葉を聞いて戒められなければならないほどに、民衆や王の信仰心と倫理性はうすくなっていたのであった。

エリヤが出現した頃の王はアハブであり、この王と民衆はバアル神などの異教の神々を拝《おが》み、すっかり偶像崇拝に染まっていた。そこでエリヤは、バアル神が本当の神であるかどうかをためすことになった。

エリヤはバアル神を信じている民衆にこう言う。

「わたし一人だけが主の預言者として残ったのに、バアルの預言者は、四百五十人もいるではないか！　さあ、二頭の若い雄牛を出すがよい。彼らが一頭を選んで切り裂き、たきぎの上に置くがよい。だが、火をつけてはならない。私も残る一頭を火をつげずにととのえよう。あなたたちは、自分たちの神の名を呼び、わたしは主のみ名を呼ぼう。火を送って答える神が、まことの神である」

これに民衆も賛意を示し、彼らは朝から真昼までバアルの名を呼び続ける。奇妙な踊りをして、剣と槍で自分たちの身体に傷をつける。それでも、午後三時になってもバアルは答えなかった。

自分の番になったエリヤは、いけにえの雄牛を切り裂いてたきぎの上に置き、水をたっぷり注いだ。そして祈ると、突然にして主の火が天から降ってきていけにえを完全に焼きつくしてしまったのだった。

この預言者エリヤはイスラエルの歴史の中でもっとも有名で、ユダヤ人なら誰もが知っている人物であり、新約聖書にもたびたび名前が出てくる。イエズスを見た人々は、エリヤの生まれ変わりではないかと思ったのである。エリヤは死なずに天に上げられていたからである。

〔歴代志Ⅰ・Ⅱ〕——アダムから始まる系図と歴史の書

この書は聖書の中でもっとも読みにくいかもしれない。アダムから始まる系図がいつ果てるともなくえんえんと続くからである。

本書の主張は、神への不忠実がすべての災いの源であり、神への信仰と忠実が繁栄の泉だということである。それをアダムの時代から今までの歴史を通じて証明しようとした書である。そして、神殿礼拝の重要性を教えている。

記者は無名で、紀元前四～三世紀頃に書かれたと思われる。

〔エズラ記・ネヘミヤ記〕――イェルサレムへの帰還と再建

これは、王国が新バビロニアによって滅ぼされ、捕囚となっていたユダヤ人らが、約五十年後にペルシア王に解放され、イェルサレムに帰還して、神殿を建造することを描いている。

さらにまた、今までのような異邦人との雑婚をやめ、これからは神の律法を遵守して生きていくという改革が述べられている。この改革を推進したのは、律法学者のエズラである。描かれているのは紀元前五三六～四三三年のことだ。

ネヘミヤは、エズラと一緒に宗教改革運動を推進した男で、「ネヘミヤ記」に描かれていることも「エズラ記」とほぼ同時代のことである。
イェルサレムの再建と律法の布告と実施がこの書の主題である。書いた者はエズラとネヘミヤよりも後代の者ではないかとされている。

〔エステル記〕――ペルシア王と結婚したユダヤの美女エステル

捕囚が解かれておおかたのユダヤ人は帰還したが、居住地に残るユダヤ人もいた。「エステル記」はペルシアに残ったユダヤ人の話である。

ペルシア王は忠実ではなかった王妃をしりぞけ、ユダヤ人の美女エステルと結婚した。このエステルはモルデカイというユダヤ人の養女であった。だが、王が重んじていた重臣ハマンは傲慢な男で、自分にひざまずかないモルデカイを恨むのであった。モルデカイが神の前以外ではひざまずかないと言ったからであった。

ハマンはモルデカイがユダヤ人であることを知ると、ペルシア帝国に住むすべてのユダヤ人を抹殺することを決め、王の許可さえとりつけた。しかし、王はかつて反乱の陰謀を教えてくれたのがモルデカイであったことを思い出し、モルデカイに栄誉を与え、ハマンを処刑したのであった。

この記述が教えてくれるのは、祖国ではない地にあっても信仰を失わないユダヤ人たちは彼らなりの生活で生きていて、それが周囲の人々の反感を買っていたということである。つまり、極端な民族主義がユダヤ人にはあり、同時に一般世界に対して対抗意識があったこともうかがわせる。

エステルとモルデカイがいたためにユダヤ人は抹殺されなかったことに感謝しようと、ユダヤ教ではこれにまつわる祭であるプリムの祭を今でも行なう習わしがある。プリムというのは「くじ」という意味で、ハマンがユダヤ人虐殺の日をくじで決めたことによる。

すでに紀元前一六〇年にユダヤ人は「モルデカイの日」を祭日として祝っていたというから、「エステル記」はそれよりもっと前に書かれた、有名な話であったとわかる。

詩歌

〈ヨブ記〉――信仰心篤いヨブが語る〝不条理な不幸〟

主人公の名を冠した「ヨブ記」は、全篇が詩の形式をもっている。しかし、力強いストーリーがあり、現代のわたしたちにも強く訴えるものをもつ。なぜなら、人生の中で突如襲ってくる不条理な不幸について語られているからである。「なぜ、よりによってこの自分がこんな目に遭うのだ」とヨブは嘆くのである。

ヨブは正しい人間で、神を愛し、悪もなさず、家庭にも恵まれ、幸福に暮らしていた。エドムの南部でも一番の資産家であった。ところが悪魔が彼をためすのである。

ある日、天使たちが神の前に集まったとき、中に悪魔も交じっていた。悪魔はこう言う。「ヨブが信仰深いのは、あなたが彼にいろいろなものを恵まれたからにすぎない。

ヨブの財産を奪ってしまえば、彼はあなたを信頼するどころか、のろうはずです」

すると、神はヨブの持ち物のすべてを悪魔にまかせると言う。しかし、ヨブの身には手を伸ばしてはいけない、と。

悪魔がしたことはひどかった。使用人はみな賊に殺されてしまい、家畜は焼かれてしまい、子供たち全員が天災で死んでしまったのだった。それでもヨブは信仰を失わなかった。すると、悪魔は神にこう言った。

「骨と肉に触れれば、ヨブはきっとあなたをのろうでしょう」

神はそうしてもいいが、ヨブの命だけはとるなと言った。

悪魔はヨブの足の裏から頭の先まで悪性の腫瘍《しゅよう》で苦しめた。彼は素焼きのかけらで身体中をかきむしらなければならなかった。これはたぶん、象皮病だと思われる。

ヨブはこれほど不幸になるのならば生まれてこなければよかったと悔やみ始める。


そんな不幸なヨブを慰めに三人の友人がやって来た。善悪はこの世で報いを受けるのだから、ヨブが不幸になったのは何かの悪事をしたからではないかと疑うのである。しかし、ヨブは自分がいつも正しかったと言い張って論争する。そして、なぜ正義の神が正しい人間を苦しめるのかという大きな疑問に突きあたるのである。

最後はついに嵐の中から神がヨブに声をかけた。しかし、直接にこの不幸の原因を語るのではなく、神の偉大さを示し、宇宙の不思議を語り、無限の知恵をもつ神に人間がまともに対座する権利はないことを教えるのであった。そうすると、ヨブは神の深さに気づき、自分が自分を越える事柄と自分の知らない不思議について今まで語ったことを後悔するのである。神はヨブを赦し、彼にもとどおりの健康と繁栄を与え、財産を二倍にしてやったのだった。

「ヨブ記」の著者は不明だが、相当に教養のあるユダヤ人だと推測されている。これはだいたい紀元前五世紀に書かれたと思われる。

〔詩篇〕──十字架でイエズスが口ずさんでいた言葉

これは、紀元前十〜二世紀頃までに生まれた宗教詩をまとめたものである。ダビデの詩が多いが、本当にダビデ作であったかどうかはわからない。しかし、そのまま教会での公けの祈りとなった詩篇すらある。作者によってだいたいテーマが決まっているのも特徴である。

敬虔なユダヤ人はたくさんある詩をすべて暗記していたと思われる。たとえば、死に臨《のぞ》んでいたイエズスは十字架の上で詩篇の第二二篇を口にしていた。

参考のために詩篇からいくつかを紹介しておく。それぞれが長い一篇からの抜粋である。

主は、私の牧者、
私には、乏しいものがない。
緑の牧場に、主は私を横たえ、
物静かな水際に、ひきいて行く。
主は、私の魂をつよめ、
正義の小道に立たせた、そのみ名のために。
闇の谷間を通っても、私は悪をおそれない。
あなたが私といっしょにおられるのだから。
あなたの棒と杖とは、私を慰める。
あなたは、私に食事をととのえて下さる、
私の敵の前で。

詩篇の作者とだいたいのテーマ

ダビデの作	苦難、災難、病気、迫害のときに神の助けを祈る
作者不明の作	神への賛美と感謝
コレの子らの作	信心、神殿についてなど
アサフの作	勝利や敗北や倫理について

あなたたちは、いつまで、罪深い裁き
をおこない、
悪人の身びいきをするのか?
弱い者とみなし子を守り、
不幸な者と乏しい者との訴えを聞け。
あわれな者と貧しい者とを救い、
悪人の手から彼らを奪い返せ。

年老いて、白髪となった私を、
神よ、見捨てるな。
来るべき代々に、あなたのみ腕を、
来るべき人々に、あなたのおん力を、
たたえんために。

〔箴言（格言の書）〕――信仰心篤い生活を送るための格言集

これは教訓となる格言集である。生活のハウツーではなく、信仰篤い生活を送るための宗教的格言である。前半分くらいがソロモンの格言集といわれている。イエズスも使徒たちもこの格言をいくつか用いている。

紀元前五〜四世紀頃に編纂されたらしい。紀元前三世紀ともいわれる。ところで、第1章7節にこういう格言がある。「神を怖れることが、知識のもとだ」。この格言の意味は想像以上に深いだろう。

格言を編纂した目的は、この書の冒頭にはっきりと書かれている。「これは、知恵と教養を学ばせ、深い言葉を理解させ、賢い教えを受けさせ、正義と公平と方正と、世慣れない人に世渡りと、若い人たちに知識と分別を知らせる」

次に、おもしろいものをいくつか抜粋してみよう。

豚の鼻に金の輪、それは、美しいが愚かな女。（11章22節）

自分に関わりのないことに口を入れる人は、
通りがかりの犬のしっぽをつかむようなものだ。（26章17節）

自分の口ではなく、他人の口であなたをほめさせよ、
自分の唇ではなく、よその人の唇で。（27章2節）

口にしない愛よりも、はっきりした叱責のほうがまさる。（27章5節）

友人から受けた傷は、誠実さの証拠であり、
敵のくちづけは、いつわりである。（27章6節）

あなたの敵が空腹だったら、食物をあげ、
喉がかわいていたら、飲み物をあげよ。（25章21節）

正しい人は、七度たおれても立ちあがるが、
悪人は災難の中に押したおされる。（24章16節）

〔伝道の書〕――この世のむなしさを語る

これは紀元前三世紀頃に書かれたと思われるもので、著者はコヘレットと名のってはいるが、偽名である可能性が高い。格言の本のようではあるが、しばしばこの世のむなしさを語る。そして快楽を求めずに節度を保つことを教えている。いくつかを抜粋してみる。

この世には、すべてに時があり、それぞれ時期がある。(3章1節)

自分の生きている間、楽しんで、安楽にすごすこと以外、人間にはよいことがないと私は知った。しかし、人間が、食べ、飲み、仕事を楽しむことは、神の恵みである。(3章12・13節)

言葉が多いと、愚かなことを言ってしまう。(5章2節)

愚か者にはおしゃべりが多い。未来のことは誰も知らない。また、のちに起こることを、告げられる人があろうか？（10章14節）

神はすべての行為を裁き、隠されたことの善悪をすべて見ておられる。（12章14節）

〔雅歌〕――神と人間を象徴した〝男女の愛の歌集〟

この題名をヘブライ語の意味でいうと、「歌の中の歌」となる。これは聖書の中でも異色な巻で、いわば男女の愛の歌集である。しかし、愛し合う男と女は、神と人間の関係の象徴ともなっている。そのために聖書の一巻として採用されたのだった。

歌ではあるがストーリーをもっていて、娘は他の男の誘惑に負けそうになるが、羊飼いの若者の本当の愛に目覚めて戻ってくるという話である。娘とは人間のことであり、他の男とは多神教のことであり、羊飼いの若者とはイエズス・キリスト、あるいは神のことを象徴しているという手法である。だいたい紀元前五世紀の作だとされる。

雅歌の中の言葉はカトリックでは聖なる女性（マリアなど）の祝日の典礼に用いて

いる。「それは、キリストと霊魂との、神秘的婚姻の意味に応用しているからである」(バルバロ)。
次に雅歌から少し引用してみよう。

ああ、彼の口で、私に口づけせよ。
あなたの愛は、葡萄酒よりも快く、
あなたの香料のかおりはかんばしく、
あなたの名は、したたる香油だ。

私は、夜、寝床で、
私の心の愛する者をさがした。
私はさがし求めた、だが見当たらなかった。
さあ、私は起きよう、町を回ろう、
道で、広場で、
私の心の愛する者をさがそう。

預言書

預言者とはどんな人間か

預言者とは、霊能者でも霊媒者でも巫女《みこ》でもない。「神のみ名をもって語り、神から特に使命を受けた人」のことである。「神の使者」といってもさしつかえない。

預言とは、神から直接に啓示を受け、その言葉を公けに宣言することである。そのときは必ず「主はこう言われる」という決まり文句で始まった。しかしそれだけでは、彼が本物の預言者であるかどうかはわからない。確かにたくさんの偽預言者がいた。それを見分ける方法は二つある。

一つは預言が実現するかどうかである。もう一つは教義と合致しているかどうかである。

預言の実現がすぐ起こる場合もあるし、五百年後、千年後に起こる場合がある。だから、とりあえず教義との合致で確かめるしかない。預言者が不思議なことを行なっても、それが本物の証明とはならない。また、本物の預言者は手厳しいことを言う。神は恵みだけを言うことはない。現状をしっかりと把握し、悔い改めを要求する。

エリヤもそうであったが、預言者は荒れ野に一人住んで質素な暮らしをしていることがほとんどだった。たとえば、イエズスの時代に現われていた預言者ヨハネについて、「マタイによる福音書」にはこういう記載がある。「ヨハネは、身にはらくだの毛衣をまとい、腰には皮の帯をしめていた。食べ物はいなごと野蜜であった」。食用いなごは四種類あり、大きいものは十センチ以上である。

いなごは貧民の食糧とされ、生ではなく、煮たり焼いたりして肉質の部分を食べたという。乾燥させて砕いたものを他の食物に混ぜて食することもあった。日本の小説家が聖書の謎について著した本に、預言者にはスポンサーがいたらしいとあるが、これはまったくのでたらめである。

預言者は神の言葉を伝える者ではあるが、宗教関係者ではなく、社会にある階級にはまったく属さず職業にも就いていない者である。どんな社会的権威もない。よって、民衆に語るばかりではなく、相手が王であろうとも言葉を変えなかった。だから、最後は恨まれて殺される場合がほとんどであった。また、語るだけではなく、巻き物に預言を書く場合もあった。

預言者はイスラエル人のために神から遣わされた者ではあるけれど、異国の民に向かっても遠慮なく預言を行なっている。彼は預言を伝えねばならない切迫感を抱えており、かつ自分が語っていることは神の言葉であり、自分自身は神の道具にすぎないことを十分に自覚していたのである。このため、預言者は神以外のどんな権威にも屈伏しなかった。そして、彼の言葉だけではなく、生き方自体もまた預言であった。

預言者が多く現われたのは信仰がうすくなっていた時代であり、紀元二世紀以降、預言者は現われていない。しかし、紀元二世紀以降に人類の信仰がことさらに強くなったというわけではないだろう。

残り伝えられている預言書から判断して、聖書に登場する預言者は大預言者と十二人の小預言者に分けられている。大預言者はイザヤ、エレミヤ、エゼキエル、ダニエルである。聖書の三分の一は、これら預言者の言葉で埋まっているのだ。

〔イザヤ書〕――イエズスの誕生から死までを預言

イザヤは紀元前七世紀の初め頃に南のユダ王国で活躍した預言者である。その名イザヤには「主が救われる」という意味がある。イザヤは貴族出身で妻と二人の子供がいたという。妻は女預言者だったという。

バルバロはイザヤについてこう解説している。

「彼は、その活躍のはじめから、当時の人々の悪を責め、偶像崇拝がはやりはじめていたことと、社会上の不正とを、叱責した。それは、ウズィア王の長い治政の間の、物質的な繁栄が、道徳上のいちじるしい低下と、宗教的無関心を生んでいたからである」

「イザヤ書」は、内容と文体を考えるとイザヤ一人で書いたことに疑いがある。イザヤが一気に書き通したものではなく、弟子たちが書いたものをも合わせて一書としてあると考えられる。よって、章の1から39までは「第一イザヤ」、40から55までは「第二イザヤ」、56から66までを「第三イザヤ」と呼ぶのが慣例となっている。

第三イザヤでは神は一民族だけの神ではないという主張があって注目されるが、なんといっても独特で驚嘆すべきなのは、第7章から第53章まで点在している救世主出現の預言である。これがイエズス・キリストの誕生から死までを預言しているのである。

まず、第7章にはこうある。

「……主おんみずから、あなたたちに、しるしをお与えくださる。見よ、処女がみごもり、一人の子を産み、それをエンマヌエルと呼ぶだろう」

マリアの処女懐胎によるイエズスの誕生が、ここで預言されているのである。しかし、この解釈に反論する説もある。「処女」はヘブライ語で「アルマ」というが、これは処女を意味しないとする反論である。

ところが、旧約聖書にこの言葉は全部で九度出てきており、そのどの場合も未婚の女性を指している。さらには、ギリシア語訳はアルマを処女と訳しており、これは紀元前のユダヤ人たちが処女という意味でアルマを用いていることを証拠立てている。

イエズス・キリストが神でもあり人間でもあるという預言は、「イザヤ書」第9章と第11章に見ることができる。ここでは、第9章の預言のほうを引用する。

「私たちのために、一人のみどり子が生まれた、一人の子が与えられた、その肩には王のしるしがある。その名は、巧妙な顧問、力ある神、永遠の父、平和の君と、となえられる」

イエズスの宣教や奇跡を預言する箇所もいくつかあるが、圧巻は第53章である。そこには、イエズスがどれほどひどい目に遭うかが語られ、そうでありながらも人の罪を背負って死ぬことが預言されている。長いので、中略を入れて引用する。

「……彼には、私たちの目をひくほどの美しさも輝きもなく、楽しめるほどの姿形もない。彼は人から軽蔑され、捨てられた。苦しみの人、苦しみになれた人。……実に、彼は私たちの労苦を背負い、私たちの苦しみを担った、私たちは彼を神に罰せられた者、打ちのめされ、さげすまれた者と考えた。

彼は、私たちの罪のために突き刺され、私たちの悪のために押しつぶされた。私たちを救う罰が彼の上に襲いかかり、その傷のおかげで私たちはいやされた。

**マリアは処女のままイエズスを身に宿した。
「受胎告知」(フラ・アンジェリコ)**

……非道にあつかわれた彼は、身を低くし、口を開かず、屠所《としょ》にひかれる子羊のように、毛を刈る人の前でもだす羊のように、口を開かなかった。

……彼は、あがないとしてわが身を捧げることによって、末長く子孫を見るだろう。神のみ旨は彼によって実現する。

……だから、私は、その報いとして、おびただしい人を彼に与えよう。……それは、彼が自分を死に渡し、悪人の数に入れられたからである。彼は、多くの人の罪を背負って、罪人のためにとりつぎをした」

ここには、イエズスが律法学者やユダヤの人々に軽蔑されながら生き、屠札場《とさつじょう》に引かれていく子羊のようにおとなしく、罪人の名を着せられながら十字架にかかることが預言されているわけである。

紀元前七〇〇年以降のイザヤの消息についての記録はない。王からの迫害によって殺されたとも伝えられる。その預言だけが今なお生きている。

〔エレミヤ書〕——紀元前六世紀、ユダ王国の堕落を警告

預言者エレミヤは紀元前六二六年から五八六年まで活躍し、ユダ王国の堕落と滅亡を体験した。イェルサレムの神殿が他国の軍によって焼かれたのが、紀元前五八七年であった。その直前までエレミヤが預言でいくら警告しても聞き入れられなかったのである。彼はのちに同胞のユダヤ人に殺された。

内向的な性格のエレミヤではあったが、預言を伝えるために活発に活動した。しかし、誰にも聞き入れてもらえず、暗殺されそうになったり、迫害を受けてばかりいた。

エレミヤの預言が本当であったとわかったのは彼の死後のことであった。ユダヤ人

はいつも最悪の結果を迎えてから、ようやく反省の中で理解するのである。そしてまたいつのまにか同じことをくり返す。この懲《こ》りなさはユダヤ人ばかりではないだろう。「エレミヤ書」には、ユダ王国の人々がいかに堕落していたかが描かれている。参考までに第5章から引用しておく。

「イエルザレムの通りを歩み、よく見て尋ね、その広場でさがせ。正しく行ない、誠実を求めている人が一人でもそこにいるかを。そうすれば、私はこの町をゆるそう。

……私(神)は彼らを食べ飽かせたが、彼らは姦通を行ない、娼婦の家へ群れをなしてつどいよった。彼らは肥え太って、威勢のいい種馬のように、おのおの、隣人の妻のあとを追っていななく」

〔哀歌〕——ユダ王国の滅亡とイェルサレムの破壊を悲しむ

これはラテン語訳では「エレミヤの哀歌」とされ、「エレミヤ書」の続きとなっている。しかし、内容を考えるとエレミヤの作ではないと思われる。作者の名も人数も不明である。
「哀歌」には五篇の詩が収められている。どれも、とむらいの詩や悲しみの詩である。ユダ王国の滅亡とイェルサレムが破壊されたことの悲しみをうたっている。もちろん、この哀歌から国が崩壊するさまをありありと知ることができる。

友達は彼女を裏切り、
その敵となった。
ユダは、しいたげと辛い苦役ののち、
民を移し、異国のうちに住み、安住を知らない。

だが、悲嘆ばかりではない。神からの救いに一縷《いちる》の希望を見出している。しかし、そこにもまた少しばかりの疑いがあるのが、いっそうの哀れを誘う。次は最後の数行である。

だが、主よ、あなたは世々に治められ、
あなたの座は永久に絶えることはありません。

あなたが、私たちをとこしえにお忘れになり、
長くお見捨てになることがありましょうか？
主よ、私たちを、立ち戻らせてくだされば、私たちはあなたに立ち戻ります。
昔のように、私たちの日々を新たにしてください。
本当に今、私たちをお見捨てになるのですか？
そんなに、お怒りになられるのですか？

〔エゼキエル書〕――バビロニア捕囚後、新しい神の国を預言

「神は強めてくれる」という意味の名をもつエゼキエルは、紀元前五九七年に多くのユダヤ人と一緒に捕囚となって新バビロニアの首都バビロンに移送された。エゼキエルは当時まだ二十代だった。そして三十歳頃に当地で幻を見て、預言者とされた。

エゼキエルは紀元前五七一年まで預言者として働いたという。伝説によれば、偶像崇拝している男を叱咤《しった》し、その男に殺されたという。

「エゼキエル書」では、神はパレスチナとイェルサレムだけではなく、バビロンにも

おられると主張している。わざわざこういう預言がされるということは、一般のユダヤ人たちは神は物理的な限界をもった存在だと考えていたことをうかがわせる。だから、ユダヤ人たちはしばしば偶像崇拝をしていたのである。

また、新バビロニアに勝とうとするのは愚かだとも預言されている。これもまた、ユダヤ人たちが「この捕囚は一時的なものであり、自分たちには神がついているのだから、いつか新バビロニアに勝つのだ」と妄想していたことへの警告であった。しかし、これまでのいつの時代もそうであったが、ユダヤ人たちは預言者の言葉を真剣に聞こうとはしなかった。

「エゼキエル書」の最後には、新しい神の国、新しい神殿、新しい信心について記されている。これは物理的な新国家建設や神殿の建設を意味するのではなく、兄弟愛に満ちた精神的な神の国のことであった。だが、そこまで深く悟る者はまだいなかったのである。

〔ダニエル書〕——迫害されたユダヤ人を励まし奮起させる

ダニエルとは「神は裁く者」という意味の名である。預言者ダニエルは紀元前六〇五年頃に捕囚としてバビロンに移送されたが、知恵があり夢を解く力があったので、新バビロニアのネブカドネザル王に重んじられたのであった。

しかし、「ダニエル書」が書かれたのはそれより約四百五十年後の紀元前一六七～一六四年ではないかとされている。その時代にアンティオコ・エピファネスの治世下にあってユダヤ人が迫害されていたために、彼らを励ますために記されたというのである。

そのため、ネブカドネザル王が建てた金の像を礼拝するようにと命じたが、この偶像崇拝に応じなかったアザリアを含めた三人のユダヤ人が燃え盛る炉の中に投げ込まれてもいささかも損傷を受けなかったという話が第3章に載っている。

「王の家来たちは、重油とチャンと、麻くずと、木くずとで、火をたき続けていた。炎はかまどから四十九キュビットも立ち昇り、横にも伸びてかまどのそばにいたカルデア人みなに燃えついた。しかし、主の天使は、アザリアとその仲間たちのいるかまどの中に下り、炎を外に追い、かまどの中に涼しい風を吹かせるようにされた。火は彼らに触れず、何の痛みも与えず、何のさまたげもしなかった」

ダニエル自身の類似の話が第6章に載っている。こちらはダニエルがライオンの穴に入れられてしまうのである。翌日になったが、ダニエルは何の危害も加えられてはいない。神が天使を送ってきて、ライオンの口を閉ざしたからだというのである。

「ダニエル書」が異色であるのは、後半が黙示文学になっているからだ。黙示はギリシア語で「アポカリプス」といい、これは「隠されているものの覆いを取る」という意味である。読む者がそこの覆いを取って意味を把握する文学である。

こういう体裁をとったのは、権力者側からの弾圧を避けるためであった。たとえば、次のように象徴を多用して、そのままでは奇怪な想像しかできないように書かれている。

「それから、雄やぎは強大なものとなったが、その力を出しきって、大きな角が折れ、その代わりに天の四方の風に向けて他の四つの角が生えた」

この表現にある「雄やぎ」はアレクサンダー大王であり、「角が折れる」のは王が死ぬことのたとえである。「他の四つの角」は別の四人の王ということである。

また、「四頭の獣が海から上がってきた」という表現もある。新約聖書の黙示録でも同じだが、「獣」と表現された場合はそれは強大な帝国を意味する。

「ダニエル書」の場合は、ギリシア、ローマ、ペルシャ、新バビロニアのことである。これほど手の込んだ文書を著して回覧しなければならなかったのは、迫害があまりにもひどかったからである。

先に記したように、この当時のユダヤ人はアンティオコ・エピファネスの治世下にあったが、このエピファネスというのは異名であり、「現人神《あらひとがみ》」という意味をもっている。彼はセレウコス王朝(シリア)の四世で、エジプトと戦い、両国の中間にあるイェルサレムはとばっちりを受けたような格好だった。

だが、エピファネスの軍はローマ軍が介入してきたために撤退せねばならず、腹いせにイェルサレムを焼いてユダヤ人を捕囚としたのである。それだけならまだしも、ユダヤ人にほとんどの宗教活動を禁じ、違反者を次々と殺戮したのであった。あげくのはてはイェルサレム神殿でゼウスの祭を行なう。

これほどひどい迫害をユダヤ人はかつて受けたことがなかったのである。そういうときに、この「ダニエル書」がユダヤ人らをひそかに励まし奮起させたのであった。

〔ヨナ書〕――『ピノキオ』のヒントになった物語

この書は、紀元前五〇〇〇年にチグリス川東岸に生まれ紀元前六一二年に新バビロニアによって滅ぼされた大都市ニネベの町について語っているが、用いている言語がその時代よりも新しいので、著されたのは紀元前五世紀以降と推測されている。

ヨナというのは主人公の預言者の名前であるが、これが実在の人物なのか、伝説上の人物なのかも判然としていない。

この書の内容は歴史的ではなく、物語である。文章もごく短い。今でも誰でも簡単に笑いながら読める書である。だから説明もしやすいので、全編をかいつまんで紹介してみよう。

ある日、神の声がヨナに、「大きな町ニネベに行って、彼らの悪い行為が私にまで聞こえていると伝えよ」と命じた。ところが、ヨナは素直ではない。それにニネベは異教の町だった。そんなところへは行きたくない。ヨナは神から離れようと思って、地の果てまで逃げる算段をする。そして船に乗り込んだ。

だが、神が海に激しい風を送ったので嵐となり、船は難破寸前となった。水夫たちは各々自分の神に祈ったり、積み荷を捨てたりした。ところが、ヨナは船底で熟睡している。水夫たちはヨナを起こし、誰のせいでこの嵐が起きたのかクジを引こうと言う。クジを引いてみると、ヨナが当たった。水夫たちはヨナに訊問する。ヨナはいっさいのことを話した。

水夫たちがヨナの扱いに困っていると、ヨナは自分を海に投げ出せば嵐はしずまるだろうと言った。水夫たちはしばしためらっていたが、自分たちの命を救うためにヨナを海に投げ込んだ。すると、嵐はやんだ。海に投げ込まれたヨナは大きな魚に呑まれ、三日三晩、魚の腹の中にいて神に祈った。そして三日後、魚はヨナを岸辺に吐き出した。

すると再び神の声がしてニネベへ行けと命じてきた。ヨナはニネベへ行った。ニネベは大きな町だった。ヨナは歩けるだけ歩いてから、「この町は四十日後に破壊される」と大声で告げた。これを聞くと、ニネベの民衆もニネベの王も断食したり摂生したりして、自分たちの悪事を反省した。神はこれを見て、予定していた災いを下すことはなかった。

だが、これがヨナの気に入らなかった。ヨナは怒って神に言った。「こうなると思っていたから、わたしははじめ逃げたのです。こんなことだったら、今、わたしの魂を取り上げてください。死ぬほうが生きているよりましです」

これに対して、神の言うことがなんとなくおかしい。「あなたはそんなに怒るけれど、それは正しいことか?」

ヨナはふてくされて郊外に行くと、腰をおろした。神はヨナの不機嫌をなだめようと、彼のそばに唐ゴマの木を生やして木陰をつくってやった。ヨナはそれを喜んだ。しかし、翌日になると、虫がその木を嚙み、唐ゴマの木は枯れてしまった。陽が昇ってくると暑くなり、蒸し暑い風も吹いてきて、ヨナは息が切れるほどになって再び死ぬことを願った。

すると、神はヨナに言った。「あなたは、唐ゴマの木についてそんなに怒っているが、それは正しいことか?」

ヨナは答えた。「そうです。私は死にたいほどに怒っていますが、これは正しいことです」

これに答えて、神は言った。「あなたは、唐ゴマのことを惜しんでいる。だが、あなたはその木のために働いたわけではない。それを育てたのでもない。その木は一夜で育ち、一夜で死んだのだ。それなのに、私が大きな町ニネベを惜しんではいけないというのか? ニネベには、右と左の区別さえつかない十二万の人間と数多くの動物がいるのだよ」

「ヨナ書」はこういう物語である。主題は神のあわれみであり、そのあわれみは異邦人にもかけられるということである。また、律法によって救われるのではなく、神の言葉を素直に聞き悔い改めれば救われるということをも述べている。

同時に、この物語はユダヤ人の心の狭量さをも突いている。なぜならば、ヨナが当時のユダヤ人の考え方と行動を代表しているからである。それにしても、この物語に出てくる人物はみな好人物であり、ヨナの人間くささにもユーモアがあり、かなりすぐれた物語に仕上がっている。

ちなみに、ピノキオが大きな魚に呑み込まれてしまうという有名な物語は、この「ヨナ書」をヒントに書かれたものである。

コラム

「律法学者」や「ラビ(Rabbi)」という表現について

新約聖書には「律法学者」、あるいは「ラビ」という呼び名がたびたび出てくる。これはどちらも同じ意味であり、いわゆる学問のある宗教指導者兼教師のような者の尊称である。

ユダヤ人社会のための会堂（シナゴーグという）で聖書についての注釈や解釈をほどこし、法的判断をしたり、結婚式や葬式の司式を行なう。宗教的事柄だけではなく、ユダヤ教徒の生活全般の指導や世話までするわけだ。したがって、ユダヤ教徒から尊敬されていて、「先生」と呼びかけられ、上席に座るのが慣習になっている。

そもそも、ラビというヘブライ語は「わが師」という意味なのである。そのため、ラビを「教師」「導師」「尊師」と訳している場合もある。

イエズスは学問を受けたラビではないが、あまりにも聖書について詳しく知っていたので、イエズスの弟子を含めて多くの人はラビだと思い込み、ラビと呼んでいた。

第7章 『新約聖書』のダイジェスト

——何が書かれているのか？

福音書

「福音書」とはどういうものか？

「福音」という言葉は一般的日本人のふだんの生活で使われることがほとんどないが、これは「よきおとずれ」とか「よい知らせ」という意味である。では、何がよい知らせなのか。それは、神の国の到来と全人類の解放だというのである。

誤解されては困るが、「神の国の到来」とは物理的な現象のことではない。ひらたく言えば、みんなが互いにいたわり愛しあうときが近づいているよという意味である。

この考え方には、神は愛であるという前提がある。そして、この愛によってのみ、人間は真に苦しみや悪から解放されるのだということは、すでに述べたとおりである。

ところで、実際の新約聖書の福音書を開いて読んでみるとわかるのだが、「マタイによる福音書」「マルコによる福音書」「ルカによる福音書」「ヨハネによる福音書」の内容はだいたい同じである。どの福音書にも、イエズス・キリストがどのように愛を教えていき、どのようにして十字架にかけられたかが書かれているのである。

だから、はじめて読む人は面食らうであろう。そして疑問に思う。同じようなストーリーならば、どうして一書にまとめてしまわなかったのだろうかと。

そういう特殊な福音書もあるにはあるが、現在のように似たような四つのストーリーがある福音書が公認されているものである。ストーリーは似ているものの、それぞれに特徴があるのだ。

このことをフランシスコ会聖書研究所訳注は、その解説でこう簡単に記している。

「四人の福音史家はそれぞれ異なった読者層を対象としているため、自分たちが直接聞いたイエズスの言葉や、見た行ない、あるいは使徒たちから聞いた事柄を、それぞれの目的に従って選択し、配列し、表現した」

つまり、どんな背景をもった人がこれを読むのか、あらかじめ想定して書かれたわけである。そのため、似たストーリーをもちながらも、それぞれに特徴のある四つの福音書が生まれてきたのである。

〔マタイによる福音書〕――『新約聖書』はなぜ〝系図〟から始まっている？

では、各福音書の特色を順番に述べてみよう。まずは、新約聖書の第一番目に掲載されている「マタイによる福音書」の冒頭である。

「アブラハムのすえ、ダビデのすえであるイエズス・キリストの系図。アブラハムの子はイサク、イサクの子はヤコブ、ヤコブの子はユダとその兄弟たち、ユダの子はタマルによるペレズとゼラ、ペレズの子はヘズロン、ヘズロンの子はラム、……」

うんざりするほど多くのヘブライ人の名前がのっけから並ぶ。これでは新約聖書の頁を開いたとたんに投げだしたくなるだろう。イエズスの誕生を述べるのは、この系図のあとからである。処女であるマリアからイエズスが生まれるのである。

「マタイによる福音書」がなぜ系図などから始まるのかというと、イエズス・キリストが信仰の父、ユダヤ人の先祖アブラハムの血を引くものであることを強調したいからである。誰に強調したくてこういう書き出しにするのか。ユダヤ人のキリスト教徒たちにである。

彼らの多くはユダヤ教からの改宗者、特にイスラエルとシリアに住む改宗者であるためにまっさらではない。ユダヤ教の残滓《ざんし》を引きずっている。そういう彼らにイエズス・キリストが真の救世主であることを示すために、アブラハムの子孫であることを示そうとしたわけである。なぜならば、自分たちの救世主は必ずアブラハムの子孫であるという考えから彼らが抜け出せないでいることが、わかっていたからである。

「ウラジーミルの生神女」

さらに、この新約聖書が旧約聖書からの血の流れを継承している

ということを強調するためでもあった。

ユダヤ教徒は古代の神の約束として、自分たちはいつか救われるのだという強い確信をもっている。だから、イエズスが神のその約束を成就する者として誕生したということを、述べなければならなかったのである。

そうしたことから、他の三つの福音書に比べて、「マタイによる福音書」では旧約聖書についての言葉やユダヤ教の律法に関する箇所が多くなっているという特徴が見られることになる。

特に以前にユダヤ教徒であった者が気にかけるのは、イエズスは神の律法を廃止しようとした者ではないかという危惧《きぐ》であった。そこで、「マタイによる福音書」では、イエズスは律法を完成させる者として描かれ、そう説明されている。

また、イエズスはパリサイ派の律法学者らの嫉妬の犠牲となったこと、頭が堅くなっていたユダヤ教徒らがイエズスが救世主であることに気づかなかったことにも、力点が置かれているという特色がある。そのため、パリサイ派の悪や偽善が強調されすぎるきらいがある。実際のパリサイ派の全員が偽善者であったわけではない。

この福音書の著者とされるマタイは徴税人であった。現代の税務署員は公務員であるが、当時の徴税人はいやしい職業であり、蔑視の対象となっていて、神によっても救われない被差別者であった。そんな彼にイエズスが第9章で声をかけ、いっしょに食事をするのである。

このマタイのことは、「マルコによる福音書」にも「ルカによる福音書」にも記載されており、名前が「レビ」ともなっている。名前がちがっても別人なのではない。ヘブライ人が二つの名前をもつことは少しもめずらしくはなかった。マタイはやがて使徒として任命されることになる。

〔マルコによる福音書〕――もっとも簡単で読みやすい福音書

第二番目に記されている「マルコによる福音書」は、四つの福音書の中でもっとも短く簡潔なものである。聖書をはじめて読む人にはこれが勧められる。ほとんど誰でも読み通すことができるし、端的で素朴だからである。

そして、「マルコによる福音書」のもっとも大きな特色は、マタイとルカの福音書の原資料となったものだということだ。つまり、先に紹介した「マタイによる福音書」

よりも、史実的に資料的価値があるということである。

このことは同じ情景を描写した文章の比較によってわかる。

たとえば、弟子の一人のユダがイエズスを裏切って律法学者に引き渡す場面である。ユダは買収されてイエズスの逮捕に協力するのである。ユダは自分が接吻《せっぷん》する男がイエズスであるから、そいつを捕まえろとしめし合わせておく。

その場面は「マルコによる福音書」ではこのようになっている。

「そして、ユダは、来るとすぐに、イエズスに近寄り、『先生』と言って、イエズスにせっぷんした。すると、人々はイエズスに手をかけて、捕まえた」

イエズスはユダに何も言わないのである。「マタイによる福音書」ではしかし、この場面にイエズスのセリフが加わってくる。

「ユダはすぐにイエズスに近寄り、『先生、いかがですか』と言って、イエズスにせっぷんした。イエズスは、『友よ、しようとしていることに取りかかれ』と

イエズスに接吻するユダ（ジョット・ディ・ボンドーネ）

言われた。そのとき、人々は進み出て、イエズスに手をかけて捕まえた」

「ルカによる福音書」になると、次のようにさらに説明的なセリフになっている。

「ユダはイエズスにせっぷんしようとして近づいて来た。イエズスは、『ユダ、あなたはせっぷんで人の子を裏切るのか』」

「ヨハネによる福音書」では、イエズスを認識するための手段となるユダの接吻すら出てこない。イエズスが口にする言葉もちがっているし、全体的な雰囲気が他の三つの福音書とはまったく異なっているのである。

「それでユダは、一隊の兵士と、祭司長たちやファリサイ派の人々から差し向けられた下役とを連れて、そこにやって来た。明かりや、たいまつ、武器などを手にしていた。イエズスは、ご自分の身に起ころうとしていることをすべて知っておられたので、出て行き、『だれを捜しているのか』とお尋ねになった。彼らが『ナザレのイエズスだ』と答えると、『それはわたしである』と言われた。裏切り者のユダも、彼らと一緒に立っていた。イエズスが『それはわたしである』と言われたとき、彼らは後ずさりして、地に倒れた」

福音書に描かれたイエズス像は、つまるところ創作ではないかと疑っている一部の学者たちは、こういう点をとりあげて宣教的な意図をもった創作の証拠とみなしている。イエズスのことが伝承されていくうちに、単純な歴史的事実だけでは好奇心が満足できなくなり、細部を創作して加えていくというのである。

しかし、イエズスの伝承はいつのまにか尾ヒレがつくような世間の噂話のレベルではない。また、どのように表現が異なっていようとも、ナザレから来て愛を教えたイエズスがユダの手引きによって逮捕されたという事実の芯は、決して揺るがないことを忘れてはならないだろう。
イエズス・キリストを信じる人でさえ、彼らは新約聖書の表現によって信じるのではなく、事実と直観と良心によって信じるのである。

とにかく、表現の次元においても「マルコによる福音書」はもっとも素朴であり、その分だけ神秘性のきわめて少ない伝承になっているのである。
これを書いた著者のマルコは、パウロと同行して伝道旅行をしたこともあるが、もっぱら使徒ペトロにつきそっていた通訳者であったとされる。よって、ペトロが各地で話したことをそのまま書き記したということである。

こういうマルコが想定していた読者は、ユダヤの宗教儀式やユダヤの習慣を知らない者である。それには当時のローマ人も含まれるし、教会で結婚して仏教の葬儀をするような現代の日本人も含まれる。だから、わたしたちがユダヤ教について何も知らないで読むときに、「マルコによる福音書」は、もっともとっつきやすいのである。

〈ルカによる福音書〉――〝順序よく確実に〟書かれたイエズスの行ない

第三番目は「ルカによる福音書」である。

著者であるルカは、パウロのすべての伝道旅行に同伴したアンティオキアの医師ルカであるとされている。ルカはユダヤ人ではなく、他の宗教からの改宗者であった。生涯独身であり、殉教したという。

「ルカによる福音書」は、パウロがカイザリアで監禁されていた頃に書き始められ、やがてローマに移ってから完成したと推測される。ルカはイエズスには会ってはいないが、イエズスの死後に愛の教えが地中海世界に広がっていくのを体験した人物であった。そのため、ルカは使徒らの伝道と殉教を描いた使徒行伝をも書くことができたのだった。

ルカの読者対象は、ユダヤ人ではない人々、すなわち異邦人である。これは同伴していたパウロがもっぱら異邦人に向けて宣教したことにも合致している。

医師であった教養人ルカは、貧しい人々や被差別者に同情的だったとされる。そのため、彼らにもわかるように「メシア」というユダヤ教の宗教用語を使わずに、「救い主」という言葉を用いている。

そして本当の王とはローマ皇帝ではなく、イエズスであるという主張に力点を置く特色がある。なぜならば、多くの人々はまさに皇帝によって貧しくさせられ、差別されていたからである。

「ルカによる福音書」の冒頭には、他の福音書には見られない「はしがき」がついている。それは次のようなものである。

「私たちの間に起こった出来事の、初めからの目撃者で、みことばの奉仕者となった人々が、私たちに伝えてくれたとおりに書き残そうとして、多くの人が手をつけたので、尊いテオフィロ、私も、すべてのことを初めからくわしくしらべ、順序よくあなたに書きおくるのがよかろうと思った。それは、あなたが聞いた教えの確実さを知らせるためである」（DB）

この部分を読んで、「なんだ、これはテオフィロという人に宛てた私信ではないか」と思い込んではならない。テオフィロはルカと交際のあった高級官吏だという説もあるにはあるが、この名前テオフィロにはもう一つの意味がある。

それは、「神を愛し、神から愛される者」という意味である。すると、「ルカによる福音書」は、神の愛に関心を寄せているすべての人のために書かれたということになるのである。

〔ヨハネによる福音書〕——イエズスの神性を強調

福音書で最後に書かれたものは、「ヨハネによる福音書」である。このヨハネは使徒ヨハネであり、イエズスの最初の弟子の一人である。

彼は激しい気性のもち主だったらしく、イエズスに「雷の子」と呼ばれることもあったが、イエズスからは愛された。十字架でイエズスが死ぬ前に母マリアを託され、ヨハネはマリアを自分の家に引きとっている。

追放されたパトモス島で「黙示録」を著したのもこのヨハネであった。イエズスを直接に知り、十字架の死に立ち会い、ローマからの迫害を生き延び、高齢まで生き、最後は老衰死だったらしい。

「ヨハネによる福音書」は、霊的な書ともいわれる。なぜならば、「地上でのキリストの生活を、すでに栄光に輝くもののように示している。すなわち、今やキリストがすべてのキリスト者に対して直接かかわりをもち、聖霊によって彼らの交わりの中に生きているように描写している」からである。

また、他の福音書に比べれば、聖霊の働きを重視しているからでもある。

「ヨハネによる福音書」で描かれるのは、歴史の上のイエズスではない。神性をたっぷりと輝かせているイエズスなのである。イエズスが、父である神といかに深い愛の関係にあるかを描いたのであった。

それは、イエズス・キリストの神性を否定するような反論や異端の説にまっこうから抵抗するためであった。

よって、「ヨハネによる福音書」の冒頭は、次のような有名な書き出しで始まっている。

「初めにみ言葉があった。
み言葉は神と共にあった。
み言葉は神であった。
み言葉は初めに神と共にあった。
すべてのものは、み言葉によってできた。
できたもので、み言葉によらずにできたものは、何一つなかった。
み言葉の内に命があった。
この命は人間の光であった。
光は闇の中で輝いている。
闇は光に打ち勝たなかった」

この冒頭を論理的に理解することはできない。神秘的な象徴がいくつも重なった表現なのである。原文では、第一行目の「言葉」に「ロゴス」というギリシア語を用いている。このロゴスという言葉は、紀元前数百年前から古代ギリシアの哲学者が使ってきた言葉である。哲学者たちは、ロゴスを言葉という意味で使う他に、理性、概念、尺度、法則、思想、論理などという意味で使ってきた。ロゴスはいわゆる多義語であったが、すべてを超越するような存在に対して用いられることはなかった。

しかし、ヨハネはロゴスを神という意味、同時にイエズス・キリストという意味で用いることによって、キリスト教神学哲学に大きな基礎を与えたのであった。そして、この詩的な冒頭は、旧約聖書の冒頭に対応するわけである。

それは次のようなものである。


「はじめに神は、天と地とを作られた。地は形なくむなしいもので、やみは深淵をおおい、水の上に神の霊がただよっていた。

神が、『光あれ』とおおせられた。すると光ができた。神は、光を、よしと思い、光を闇と分けられた。……」（ＤＢ）

説明するまでもなく、雰囲気が似ていることはわかるだろう。しかし、表現としてヨハネのほうがずっと神秘的である。まるで、新しい「創世記」のようである。

ヨハネの表現では、ロゴスはイエズス・キリストのことである。だから、「み言葉は神と共にあった」という表現は、イエズス・キリストが世界が始まる前から神と共に存在していたと主張しているのである。「すべてのものは、み言葉によってできた」

のだから、世界の創造にイエズス・キリストが関わっていたということになる。ドン・ボスコ社のバルバロ訳聖書の解説によれば「ヨハネによる福音書」の想定読者は、「求道者や新信者ではなく、すでに相当深く教理を知った人々であったと思われる」。もちろん、だからといって現代読者を遠ざけるほど難解なものでは決してないことは、「ヨハネによる福音書」を開いてみればわかるだろう。

中立的立場でいるための『聖書』の読み方

新約聖書の本体である四つの福音書には、以上のような類似と相違がある。すでに説明したように一般向けにはマルコとルカが勧められるが、本書の第二章と第三章をあらかじめ読んでおけば、どの福音書から読もうともかなりの理解ができるだろう。

しかし、四つの福音書が、イエズスという男に関する伝記だと思うのは大きな誤りである。福音書とは、イエズス・キリストを信じた人々が、イエズスがキリスト（救世主）であることを証言したものだからである。

このことをはっきり知っておかないと、聖書のおもしろさと不思議さに引かれて、知らないうちにファンダメンタリズム（原理主義）におちいる可能性がある。ファンダメンタリズムとは、信仰を擁護するために聖書に描かれていることを文字通りに受け取る態度を指す。書かれていることを象徴や暗喩として受け取らずにそのまま事実としてしまうのである。

もちろん聖書に書かれていることすべてが象徴とか暗号だというのではない。歴史的事実の部分もあるし、信仰的証言の場合もある。このちがいを知るためにも、信頼されている神学者の注解書がある程度は必要になると思われる。

よく問題になるのは、マリアの処女懐胎である。こんなことは物理的に決してありえないから創作であるとか、何かの暗喩であるとか、古代の英雄生誕についての表現の常套手段だとか、処女懐胎は誰にでも可能であるなどと考えるのは個々人の勝手である。しかし、実際には処女懐胎などの不思議な現象がキリスト者の信仰を支えているのである。

では、聖書はとにかく人間が書いたものなのだから、当然ながらあやまりがいくつかあるのだろうか。この疑問に対して、聖書を日本語に訳したバルバロは『口語訳旧約新約聖書』の序論の中で、聖書は人間の本ではなく神の本であるとしている。霊感によって書かれたものであるから絶対にあやまりがないものだと考えなければならないというのだ。

だとしても、聖書に用いられている比喩はそれぞれの著者が当時の知識や表現で使ったものではないだろうか。しかし、バルバロの返答はこうだ。

「かれらの著作に、あやまりがないという点は、霊感の保護のためであるといってよい。……真理そのものである神は、あやまちをすることも、他のものをだますこともありえない……霊感をうけてしるされたものではあっても、人間として、人間の表現を用いている人間の著者のほうは、比喩を用いたり、自然現象をしるすために、当時の表現を用いたりしているが、それはゆるされていることである。そういう表現は、比喩として解釈するか、あるいは科学的な事実ではなくて、単に自然現象の記述として解釈しなければならない。たとえば、神の怒り、あるいは、後悔などが、聖書に出てくるが、それは、比喩的ないい方である」

こういう見きわめが難しいから、やはり参考書や注釈が必要になるわけである。だから、自分で聖書を読むときには、本書でも用いた『口語訳旧約新約聖書』(バルバロ訳)とフランシスコ会聖書研究所訳注の『新約聖書』を勧める。これらの聖書は脚注と解説にすぐれているからである。

聖書を読むと、必ず疑問が出てくる。そういうときは、個人ではなく研究者が集まって著したような注解書が参考になる。

もっと手軽に疑問に答えてもらいたいのならば、レイモンド・E・ブラウンの『聖書についての一〇一の質問と答え』が助けになるだろう。

厚い聖書を読むのがめんどうならば、子供向けの聖書物語を通読することもできる。しかし、その際に読んでいるのは聖書の小話集であり、たんなる粗筋であることを忘れないようにしなければならない。本物の聖書が与えてくれるインパクトは圧倒的なものであり、ダイジェストが決して与えることができない衝撃である。

手紙

新約聖書にある四つの福音書の他に、「使徒行伝」「ヨハネの黙示録」についてはすでにくわしく述べたので、ここでは残る十四通のパウロの書簡とその他の手紙について説明とダイジェストをしてみよう。

まず、それらの名称を新約聖書に記載されているとおりに記すと、次頁のようになる。カッコ（　）の中は別の発音もあることを示す。

「ローマ人への手紙」から「ヘブライ人への手紙」はパウロの手紙とされる。Pとあるものはパウロの真正の手紙であると思われるもの。〈P〉はパウロの直筆ではないと疑われている書簡である。口述筆記である可能性が高いものは〈S〉で示している。ただし、「ヘブライ人への手紙」は、今ではパウロのものでないとされている。

- ローマ人への手紙　P〈S〉
- コリント人への手紙Ⅰ・Ⅱ　P〈S〉
- ガラテヤ人への手紙　P〈S〉
- エペソ（エフェソ）人への手紙　〈P〉
- ピリピ（フィリピ）人への手紙　P〈S〉
- コロサイ人への手紙　〈P〉
- テサロニケ人への手紙Ⅰ　P〈S〉
- テサロニケ人への手紙Ⅱ　〈P〉
- テモテへの手紙Ⅰ・Ⅱ　〈P〉
- テトスへの手紙　〈P〉
- フィレモン（ピレモン）への手紙　P〈S〉
- ヘブライ人への手紙　〈P〉
- ヤコブの手紙
- ペトロの手紙Ⅰ・Ⅱ
- ヨハネの手紙Ⅰ・Ⅱ・Ⅲ
- ユダの手紙

これらの手紙は私信ではなく、各地の教会の信者らに宛てたもので、信者らは手紙を礼拝のときに読み上げたりして、信仰の教科書のように扱っていたのだった。

〔ローマ人への手紙〕――個人、人類の救いから隣人愛まで

これは紀元五七年から五八年にかけての冬の間に、ギリシアのコリントから、ローマにいるキリスト教徒に送られた手紙であるとされている。

コリントはアテネの西方にある町である。スペインまで伝道しようと思っていたパウロは、まずローマに行こうとして、ローマにいるキリスト者に自分の考えをわかってもらおうと思ってこの手紙を書いたのだった。

なお、当時は現代のような郵便制度はなかった。しかし、通信手段がまったくなかったわけではなく、公務を執行するための郵便制度、つまり為政者のための郵便制度はあったわけである。しかし、ふつうの人々はこれを利用することはできない。だから、私設の郵便業者に依頼するか、誰かに報償を支払って手紙を運んでもらったのだった。

さて、「ローマ人への手紙」の第1章から第8章までは、個人の救いについて、正しさというものが何であるかがはっきりと述べられている。第9章から第12章の途中までは人類の救いについて述べ、第12章の途中からは実践的生活道徳の問題について述べている。簡略化して「ロマ書」と呼ばれるこの手紙によって、キリスト教神学の多くが基礎づけられているのである。

隣人愛について、パウロがどう述べているのか引用してみよう。

「互いに愛しあうことの他に、誰に対しても、どんな負い目もあってはなりません。他人を愛する者は、律法を完全に果たしているのです。『姦通してはならない。殺してはならない。盗んではならない。むさぼってはならない』など、また、他に何か掟があっても、それは『隣人を自分のように愛せよ』という言葉に要約されます。愛は隣人に悪を行ないません。したがって、愛は律法を完全に果たすものです」

〔コリント人への手紙Ⅰ・Ⅱ〕──不品行なコリントの信者に説く

第一の手紙は紀元五四年から五七年までの三年間にわたってパウロが滞在していたエペソから、ギリシアのコリントの教会に集まる信者に送った手紙である。エペソは現在のトルコの西端に位置し、エーゲ海に臨む町である。

ギリシアのコリントの教会はパウロが宣教によって建てた教会であっただけに、コリントの信者の間で内部分裂や不品行があるという噂を聞くと、パウロはがまんがならずに手紙を書いたのだった。

内部分裂とは派閥争いのことであり、コリントの信者たちはそれぞれに自分はパウロにつくとかアポロにつくとか言い張っていた。つまり、愛である神ではなく、自分たちに教えてくれた誰を信じるかという低い次元にあるような信仰だったわけだ。

また、律法でもローマ法でも禁じられている義母との結婚がコリントの信者の間に見られるということを聞き、パウロは叱っている。また、偶像を拝んだり、訴訟を起こしたりするなとも叱っている。結婚と独身について、集会の秩序、復活ということは霊的なことであるという見解も述べている。

ところで、この手紙には「愛」についてのすばらしい詩文が載せられている。その一部分をここに引用してみよう。

たとえ、山を移すほどの完全な信仰があっても、
愛がなければ、わたしは何者でもない。
たとえ、全財産を貧しい人に分け与え、
たとえ、称賛を受けるために自分の身を引き渡しても、
愛がなければ、わたしには何の益にもならない。
愛は寛容なもの、慈悲深いものは愛。
愛は、ねたまず、高ぶらず、誇らない。
見苦しいふるまいをせず、自分の利益を求めず、怒らず、人の悪事を数えたてない。
不正を喜ばず、人とともに真理を喜ぶ。
すべてをこらえ、すべてを信じ、すべてを望み、すべてを耐え忍ぶ。
……だから、引き続き残るのは、信仰、希望、愛、この三つ。

このうち最もすぐれているのは、愛。

第二の手紙は前の手紙から一年半ほどたってから、マケドニアから発信された。だいたい紀元五七年頃に書かれたと思われる。

コリントの信者の間では、パウロはイエズスを直接に知っている使徒ではないからつまらないという噂があり、それに対してパウロは自分は使徒であると確信していることを述べている。また、使徒であることが自慢なのではなく、いかに苦しみに満ちたものであるかと表現している。さらには自分の神秘体験さえ語っている。

また、見かけだけの偽りの信仰ではなく、真の信仰をもつようにと勧める。

〔ガラテヤ人への手紙〕――律法の奴隷にならないこと

紀元五〇年代前半に三年間滞在したエペソからガラテヤにいる信者に宛てて書いた手紙である。以前にパウロはガラテヤで教えたことがあるが、あとになって異なった教えが信じられていると聞いたので心配になって手紙を書いたのであった。

つまり、パウロが去ったあとでガラテヤの諸教会にユダヤ化主義者の信者が来て、キリストの復活を信じる信仰の他にユダヤ教の律法をも守らなければならないと教えていたのであった。

これに対してパウロは、それは福音ではない、本当の福音は愛だけであると説くのである。それは、今までのように律法の奴隷にならないためでもある。パウロは重ねて、律法全体は「隣人を自分のように愛せよ」という一句を守ることによって果たされるのだと書く。

〔エペソ人への手紙〕――教会の正統性を述べる

これは紀元六一～六三年頃、ローマで獄中にあったパウロが発信したものである。この手紙では教会の神秘、個人とキリストとの関係、キリスト者としての生活の倫理が強調されている。

神学的に深まった考えであることから、パウロの死後に彼の名前で書かれたものではないかと考えられている。

特に次の言葉は教会の正統性を述べており、これによって教会は成立している。

「すべての上に立つ頭《かしら》として、キリストを教会にお与えになりました。教会はキリストの体です。このキリストこそ、教会のすべてのものが、すべてにおいて満たされていくもので満ちておられる方です」

〔ピリピ人への手紙〕——獄中から書かれた「喜びの手紙」

紀元五三〜五七年の間にエペソで入獄していたときに書いた手紙である。ピリピの教会はパウロによって建てられたヨーロッパ初の教会であり、パウロはもっとも親しみのあるこの教会から経済的援助を受けていたらしい。

この手紙は別名「喜びの手紙」と呼ばれている。獄中という苦境にいるにもかかわらず、パウロが神は愛であることを喜んでいるからである。そのため、「喜ぶ」という言葉がこの一書の中で十六回も用いられている。

「主に結ばれた者として、いつも喜びなさい。重ねて言います。喜びなさい」

〔コロサイ人への手紙〕――キリスト教の三要点を説く

紀元六三年頃にローマの獄中から発信された手紙である。

この中でキリストについて、パウロは三つの重要なことを述べている。

「キリストは、目には見えない神の生き写しである」

「知恵と知識のすべての宝は、キリストの中に隠されている」

「神はわたしたちの罪の業《わざ》すべてを心からゆるし、数々の規定に照らして記されたわたしたちを不利にし責める記録を消し、それを十字架に釘付けにして、すっかり取り除いてくださいました」

この三つはキリスト教の要点となっている。

〔テサロニケ人への手紙Ⅰ・Ⅱ〕――キリストの再臨を強調

テサロニケの信者らが迫害を受けていることをコリントで聞き、心配したパウロはアテネから弟子のテモテを当地に送った。そして、戻ってきたテモテの「テサロニケの信者らは迫害を受けていながらも信仰が揺らいでいなかった」という報告を聞いて喜んだパウロがテサロニケの信者らに送った手紙である。

第一の手紙は紀元五〇〜五一年頃に書かれたものと思われ、現在残っているパウロ書簡の最初のものである。テサロニケの信者らの信仰は堅かったが、死者の復活についてまだ確信がもてずにいたので、パウロはその点について手紙の中で強調している。

「主ご自身が天から降りて来られるとき、キリストに結ばれている死者らがまず復活し、続いて、生き残っているわたしたちが彼らといっしょになり、雲に包まれて、主を迎えに空へひきあげられていくからです。こうして、わたしたちはいつまでも主といっしょにいることになります」

第二の手紙のほうは先の手紙のあとすぐに書かれたとする説と、パウロの死後に書かれたものだとする説がある。「テサロニケ人への手紙」と同じくキリストの再臨について書かれていながらも、先の手紙と内容が異なっているからである。しかも、キリスト再臨のしるしとして「神に逆らう人」がまず現われてくると記している。この部分は神秘的であり、「ヨハネの黙示録」や「ダニエル書」を思い起こさせる。

「まず初めに、神への反逆が起こり、神のおきてに逆らう人、いわゆる滅びの子が現れ出なければならないからです。彼は、神と名の付くもの、あるいは礼拝の対象となるものすべてに敵対して傲然と立ち、ついには自分自身を神であるとして神の聖所に座を占めるまでになります」

〔テモテへの手紙Ⅰ・Ⅱ〕——愛弟子に送った指導者の心構え

テモテはパウロの第二回伝道旅行のときから弟子として同行していた人である。テモテはエペソの教会の指導責任者だったので、パウロは指導者の心構えを書き送り、信者をまどわすような異なった教えをくじくためにもこの第一の手紙を書いたのだった。その異なった教えとは、禁欲主義に関するものだった。

「この偽りを語る人々は、結婚を禁じたり、ある食物を絶つことを命じたりします。しかし、この食物は、信仰があり真理を悟っている人々が感謝して食べるようにと、神がお造りになったものです。神がお造りになったものはすべて善いもので、感謝してこれを受けるときは、何一つ捨てるものはありません。神の言葉と祈りによって、それは聖とされるからです」

偽りを語る人々が実際にいたわけではない。おそらく信者の中に禁欲主義的な傾向の芽生えがあったことを心配したためであろう。

第二の手紙はパウロの弟子たちによって、紀元九〇～一〇〇年頃に編集されたものである。しかし、その土台となっているのはパウロの手紙であり、その手紙は紀元六七年頃にローマで書かれたものらしい。この手紙の中で、パウロはテモテによき指導者になるよう教授している。

「言葉の争いは何の役にも立たず、聞く人を滅びに導くだけです。あなたは、神の前に立つにふさわしい、鍛練した者、恥じることのない働き手、真理の言葉を正しく伝える者となるように努めなさい。世俗的なむだ話を避けなさい。……終わりの日には困難な時が来る。このことを悟りなさい。そのとき、人々は自分だけを愛し、金銭をむさぼり、大言壮語し、高ぶり、ののしり、親に逆らい、恩を知らず、神をけがすものとなるでしょう」

〔テトスへの手紙〕――パウロの手紙の断片を編集

テトスは、パウロの第三回伝道旅行に同行した信頼の置ける弟子である。この手紙は、紀元九〇～一〇〇年頃にパウロの手紙の断片を編集してつくったものと思われる。おもしろいのは、年老いた女性によい生き方を勧めるよう書いていることだ。

「年老いた女性には、敬虔な生活を送る者にふさわしくふるまい、人をそしることも、酒におぼれることもなく、良いことを教える者となるように、勧めなさい。そうすれば、年老いた女性は、若い女性に、夫を愛し、子供をいつくしみ、つつしみ深く、貞潔で、家事にいそしみ、親切で、夫にしたがうようにと、教え導くことができます」

〔フィレモンへの手紙〕――奴隷オネシモを帰すときの私信

紀元六〇年頃、ローマの獄中で書かれた手紙であるが、パウロの書簡の中ではもっとも私信的といっていいものである。

キリスト教信者であるフィレモンの奴隷オネシモが逃亡してパウロのところに来て回心した。だから、パウロはこの手紙をもたせ、オネシモをフィレモンのもとに帰したのだった。手紙には、フィレモンに向けて、オネシモの行動を許すよう書かれている。かつまた、オネシモも信者となったのだから、もはや主人と奴隷の関係ではなく、同じキリストに結ばれた兄弟として接するように頼んでいる。

「もし、あなたがわたしを信仰の友と思っているなら、オネシモをわたしと思って、迎え入れてください。もし、オネシモがあなたに対して何か不正を働いたか、あるいは彼に負債があれば、それはわたしへの貸しにしておいてください」

〔ヘブライ人への手紙〕――高度なキリスト論を記述

現在では、ローマにいる信者に宛てたこの手紙はパウロのものではないとバチカンでも断定されている。おそらく紀元二〇〇年頃に今の形になったと思われる。しかし、パウロの手紙ではないからといって、内容が信頼できないわけではない。むしろ、高度なキリスト論が述べられているのである。

「人間は一度だけ死に、その後、裁きを受けることになっているように、キリストもまた一度だけ、多くの人々の罪を負うためにご自分をささげられたのです。しかし、二度目には、罪を負うためではなく、ご自分を待ち望んでいる人々の救いのために、お現われになるのです」

〔その他の手紙〕――全教会と信者に宛てられた教義の書

パウロ以外の手紙については、ごく簡単に述べておくだけにする。これらの手紙はキリスト者全員に宛てられたものである。

「ヤコブの手紙」の冒頭には「離散している十二部族」とあるが、これは象徴的表現であり、実際には全教会と全信者を指している。執筆者のヤコブはイェルサレムの教会の指導者であったが紀元六二年に同地で殉教している。

「ペトロの手紙Ⅰ」の著者は使徒ペトロである。三位一体論などキリスト教教義が書かれている。しかし、「ペトロの手紙Ⅱ」の著者は使徒ペトロではないらしく、紀元一世紀以降に書かれたと思われる。

「ヨハネの手紙Ⅰ」は使徒ヨハネによって書かれ、「ヨハネによる福音書」の導入のような役割をもっている。相互の愛が神の掟であることがいつも背景にある。当時、流行していた異なった教えに反論するためにも書かれたものである。

「ヨハネの手紙Ⅱ」の著者が使徒ヨハネであるかどうかは疑わしい。しかし、この手紙においても互いに愛しあうことを強く勧めている。

「ヨハネの手紙Ⅲ」では自分中心ではなく神中心の生活こそキリスト者の生活であることをさとしている。

「ユダの手紙」の著者は、イエズスを裏切ったユダではない。著者は自分をヤコブの兄弟と呼んでいるが、著者はヤコブ自身らしい。この手紙では、神の権威を軽んじ不自然な肉欲の満足を追求している偽教師にだまされないよう勧めている。

コラム

聖書に見る金銭感覚

聖書は信仰の書ではあるが、どう生きるかということももちろん書かれている。金銭感覚についても、鋭い洞察がある。

まずあたりまえのことだが、金銭を含めた富が、人間の独立した生活を支え、友情を生むということが述べられている。しかし、この富には、勤勉、勇気、着実性、節制、分別といったものも含まれる。現代一般の経済至上主義の風潮とは異なる富裕規定である。

旧約聖書の「箴言」では、「いつわりの舌を使って集めた宝は、消えゆく煙、死のわなである」とされている。ところが、新約聖書の「ルカによる福音書」で、イエズスは「不正なマンモンを利用して友人をつくりなさい」と言っている。マンモンとは富のことであるが、この発言は、不正な手段で得た金銭で友人をつくれといっているように誤解されがちである。

しかし、本当はそうではない。富は不正な手段で得られることが多く、かつ不正の原因となることが多いということをまず前提にしている。そういう金銭でも、善用することができるのだといっているのである。つまり、不正な手段で得た金銭を、自分のためだけに使うのなら不正のままだが、ほどこしをしたり社会のために役立てたりすれば金銭が生きてくるという意味なのだ。

また、税金についてイエズスは、「カエサルのものはカエサルに返せ」と言っている。カエサル（皇帝）というのは、当時の硬貨には皇帝の顔が彫られていたからである。これを現代風に言い換えれば、財務省という名称が紙幣に印刷されているならば、それは財務省に返せということになる。もちろん、金よりも大事なものがあるという前提があってのことである。

『聖書』全巻目次

旧約聖書（一般）

モーゼ五書　創世記／出エジプト記／レビ記／民数記／申命記

歴史　ヨシュア記／士師記／ルツ（ルト）記／サムエル記Ⅰ・Ⅱ／列王紀Ⅰ・Ⅱ／エズラ記／ネヘミヤ記／エステル記

詩歌　ヨブ記／詩篇／箴言／伝道の書／雅歌

預言書　イザヤ書／エレミヤ書／哀歌／エゼキエル書／ダニエル書／ホセア書／ヨエル書／アモス書／オバデヤ書／ヨナ書／ミカ書／ナホム書／ハバクク書／ゼパニヤ書／ハガイ書／ゼカリヤ書／マラキ書

聖書（ユダヤ教正典）

律法（トーラー）　創世記／出エジプト記／レビ記／民数記／申命記

預言前（ネビーイーム）　ヨシュア記／士師記／列王紀Ⅰ・Ⅱ（サムエル記）／列王紀Ⅲ・Ⅳ

預言後（ネビーイーム）　十二人の小預言者の書／イザヤ書／エレミヤ書／エゼキエル書

聖文書（ケスービーム）　詩篇／箴言／ヨブ記／雅歌／ルツ（ルト）記／哀歌／伝道の書

／エステル書／ダニエル書／エズラ・ネヘミヤの書Ⅰ・Ⅱ／歴代志Ⅰ・Ⅱ

新約聖書

福音書　マタイによる福音書／マルコによる福音書／ルカによる福音書／ヨハネによる福音書／使徒の働き（使徒行伝）

手紙　ローマ人への手紙／コリント人への手紙Ⅰ・Ⅱ／ガラテヤ人への手紙／エペソ人への手紙／ピリピ人への手紙／コロサイ人への手紙／テサロニケ人への手紙Ⅰ・Ⅱ／テモテへの手紙Ⅰ・Ⅱ／テトスへの手紙／ピレモンへの手紙／ヘブライ人への手紙／ヤコブの手紙／ペトロの手紙Ⅰ・Ⅱ／ヨハネの手紙Ⅰ・Ⅱ・Ⅲ／ユダの手紙

黙示　ヨハネの黙示録

注　カトリック教会の正典目録には前記の一般の旧約聖書の目録の他に、第二正典と呼ばれる七巻の本が加えられている。それは次の七巻である。

トビアの書／ユディットの書／知恵の書／集会の書／バルクの書（エレミアの手紙）／マカベの書（前）／マカベの書（後）

また、エステル記、ダニエル書については一部が第二正典となり、ユダヤ教の聖書よりも何章分か長くなっている。

画像一覧

［p.61］ “2nd century Hebrew decalogu” Proceedings of the Society of Biblical Archæology, Volume 25 (January-December 1903), p.56
［p.65］ “The finding of Moses” Lawrence Alma-Tadema
［p.69］ “Moses with the Ten Commandments” Rembrandt van Rijn, Gemäldegalerie Alte Meister
［p.71］ “Moses” Michelangelo di Lodovico Buonarroti Simoni, San Pietro in Vincoli
［p.77］ “David with the Head of Goliath” Guido Rhenus, Musée du Louvre
［p.79］ “Michelangelo’s David” Galleria dell'Accademia
［p.95］ “Le Massacre des Innocents d'après P.P. Rubens” Musées Royaux des Beaux Arts de Belgique
［p.115］ “The Raising of Lazarus (after Rembrandt)” Vincent van Gogh, Van Gogh Museum
［p.119］ “Dead Sea Scroll - part of Isaiah Scroll (Isa 57:17 - 59:9) , 1QIsab”
［p.129］ “Christ on the Cross” Diego Velázquez, Museo Nacional del Prado
［p.139］ “The Good Samaritan” Rembrandt van Rijn, Wallace Collection
［p.151］ “The Last Supper” Leonardo da Vinci, Santa Maria delle Grazie
［p.159］ “Pentecost” El Greco, Prado Museum
［p.165］ “Adam and Eve” Albrecht Dürer, Prado Museum
［p.183］ “Bayern Window - Stoning of Saint Stephen" Cologne Cathedral, ©Raimond Spekking / CC BY-SA-4.0 (via Wikimedia Commons)
［p.187］ “The Conversion of Saint Paul” Caravaggio, オデスカルキ・バルビ・コレクション
［p.211］ “The Christian Martyrs' Last Prayer” Jean-Léon Gérôme, The Walters Art Museum
［p.247］ “The Creation of Adam” Michelangelo Buonarroti, Cappella Sistina
［p.251］ “Noahs Dankgebet” Domenico Morelli, Dorotheum
［p.253］ “Tower of Babel” Pieter Bruegel the Elder, Kunsthistorisches Museum
［p.259］ “The Gleaners” Jean-François Mille, Musée d'Orsay
［p.293］ “The Annuntiation” Fra Angelico, Prado Museum
［p.311］ “Theotokos of Vladimir” State Tretyakov Gallery
［p.315］ “No. 31 Scenes from the Life of Christ: 15. The Arrest of Christ (Kiss of Judas)” Giotto, Scrovegni Chapel

本書で用いた聖書は、特に注記がない場合は、バルバロ訳の『口語訳旧約新約聖書』とフランシスコ会聖書研究所訳注の『新約聖書』である。そのままの引用である場合と、読みやすいようにひらがなを漢字に換えた場合もある。

本書は、小社より刊行された文庫本を加筆・改筆・再編集したものです。

知的生きかた文庫

この一冊《いっさつ》で「聖書《せいしょ》」がわかる！

著　者　白取春彦（しらとり・はるひこ）
発行者　押鐘太陽
発行所　株式会社三笠書房
〒102-0072　東京都千代田区飯田橋3-3-1
https://www.mikasashobo.co.jp
印　刷　誠宏印刷
製　本　若林製本工場

ISBN978-4-8379-8353-8 C0114

本書へのご意見やご感想、お問い合わせは、QR コード、
または下記 URL より弊社公式ウェブサイトまでお寄せください。
https://www.mikasashobo.co.jp/c/inquiry/index.html